Wieland Führ

W0051562

BERLINER MAUER

und innerdeutsche Grenze
1945–1990

IMHOF-Zeitgeschichte

Michael Imhof Verlag

Berlin, Potsdamer Platz, Blick von West nach Ost, um 1965
(Foto: Günter Zint)

Titelbild: Brandenburger Tor (Foto: Michael Imhof Verlag),
Innerdeutsche Grenze (Foto: Point Alpha),
Unteroffizier Conrad Schumann wagte den Sprung über den Stach-
drahtzaun in den Westen (Foto: ullstein bild – Peter Leibing)

Führ, Wieland: Berliner Mauer und innerdeutsche Grenze 1945–1990
(= Imhof-Zeitgeschichte), Petersberg 2008

© 2008 Michael Imhof Verlag GmbH & Co. KG
Stettiner Straße 25, D-36100 Petersberg
Tel. 0661/9628286; Fax 0661/63686
www.imhof-verlag.de

Gestaltung und Reproduktion: Michael Imhof Verlag
Druck: Fuldaer Verlagsanstalt, Fulda
Printed in EU

ISBN 978-3-86568-163-8

INHALT

Brandenburger Tor in Berlin mit den Sperranlagen der Berliner Mauer, 1967 (Foto: Deutsche Fotothek)

EINLEITUNG

Die innerdeutsche Grenze entstand als Ergebnis des vom nationalsozialistischen Deutschen Reich entfesselten 2. Weltkrieges (1939–1945). Sie hatte ihre Wurzeln im Willen der Siegermächte und war in der Form des geplanten Besatzungsregimes bereits kurz vor Kriegsende in der Konferenz von Jalta durch die Vereinigten Staaten von Amerika (USA), die Union der Sozialistischen Sowjetrepubliken (UdSSR) und das Vereinigte Königreich von Großbritannien (UK) festgelegt worden. Nach der bedingungslosen Kapitulation des Deutschen Reiches und der Übernahme der Regierungsgewalt durch die alliierten Mächte fanden unterschiedliche Entwicklungen in den schließlich vier Besatzungszonen statt. Die Sowjetunion, die den östlichen Teil Deutschlands und Ostberlin besetzt hatte, versuchte mit dem entsprechenden Druck und mit der Unterstützung der 1946 gegründeten Sozialistischen Einheitspartei Deutschlands (SED) in ihrer Besatzungszone das in ihrem Staat bestehende sozialistische System zu etablieren. Es fand schließlich im deutschen Teilstaat Deutsche Demokratische Republik (DDR) eine zeitweilige Vollendung. Die drei Westmächte USA, Großbritannien und Frankreich ermöglichten die Entwicklung des anderen deutschen Staates, der Bundesrepublik Deutschland (BRD), auf einer demokratischen Grundlage. Mit der Einbindung der zwei deutschen Staaten in die beiden Machtblöcke unter Führung der USA und der UdSSR standen die BRD und die DDR im Zentrum des Kalten Krieges und damit an der Schnittstelle wirtschaftlich, politisch und militärisch gegeneinanderstehender Systeme.

Besonders die schlechte wirtschaftliche Entwicklung wie auch das rigide, aufgezwungene politische System in der Sowjetischen Besatzungszone (SBZ) bzw. in der DDR führten dazu, dass nach dem Kriegsende bis zum Mauerbau am 13. August 1961 weit über drei Millionen Menschen den östlichen Teil Deutschlands in Richtung Westen verließen. Während die Grenzlinien zwischen den westlichen Besatzungszonen in kurzer Zeit keine Bedeutung mehr besaßen, wurde der systematische Ausbau der Grenze zwischen der Sowjetischen Besatzungszone bzw. DDR und den Westzonen sowie Westberlin bzw. zur Bundesrepublik Deutschland zunehmend das entscheidende und letztendlich überlebenswichtigste Instrument der DDR-Führung, gedeckt und gefördert durch die sowjetische Besatzungsmacht.

Die innerdeutsche Grenze und die Grenze um Westberlin entwickelten sich von einer zunächst relativ einfach gesicherten „Grünen Grenze" schließlich zur bestgesicherten und nahezu undurchlässigsten Grenze weltweit. Ein Pendant war nur die noch heute bestehende Grenze zwischen Nord- und Südkorea. Bedingt durch die extrem anschwellende Fluchtbewegung der eigenen Bevölkerung und dem bevorstehenden wirtschaftlichen Kollaps der DDR um 1960/61 ließ die DDR-Führung die „Staatsgrenze West" ab dem 13. August 1961 hermetisch abriegeln. In der Propaganda der DDR diente der damit entstandene „Antifaschistische Schutzwall" der „Aufrechterhaltung des Friedens" und dem „Schutz vor dem Klassenfeind". Aufbau und Funktion der Grenzanlagen ließen allerdings von vornherein erkennen, dass sich die Grenze nach innen, gegen die eigene Bevölkerung, richtete. Das ausgeklügelte System der Grenztechnik mit Schutzstreifen, Stacheldraht, Zäunen, Signalanlagen, Gittern, Mauern und Minen war von vornherein darauf abgestellt, eine Flucht aus der DDR, dem „Staat der Arbeiter und Bauern", zu verhindern. Die lebensbedrohliche Grenzanlage forderte zahlreiche Opfer. Ein gigantischer Apparat überwachte und verwaltete die Grenze, die zwei politische Weltsysteme trennte. Im Staatshaushalt der DDR waren 1988 über 2,2 Milliarden Mark der DDR für den „Schutz der Staatsgrenze" eingestellt. Auch das maßgeblich mit dem Grenzsicherungssystem verbundene Ministerium für Staatssicherheit der DDR (MfS) verfügte über einen Haushalt von 3,6 Milliarden Mark. Im selben Haushalt betrug vergleichsweise der Jahresetat für alle Hoch- und Fachschulen der DDR 3,7 Milliarden oder für den gesamten Bereich Kultur der DDR 2,9 Milliarden Mark.

Die innerdeutsche Grenze zog sich auf einer Länge von 1393 Kilometern mitten durch Deutschland. 155 Kilometer Grenze bestanden zwischen der DDR und Westberlin, davon waren 43 Kilometer Grenze zwischen Ost- und Westberlin. Die Berliner Grenzanlagen waren im besonderen Maße mit Betonmauern abgesichert. Die „Berliner Mauer" wurde dadurch zum Synonym für die widernatürliche Grenze in Deutschland. Die Trennlinie zwischen den beiden deutschen Staaten verlief von der Lübecker Bucht südlich bis an die Elbe, an der Westgrenze Mecklenburgs, zog sich durch den Harz und westlich des Thüringer Waldes entlang und traf schließlich östlich von Hof auf die Grenze zur ČSSR. Den längsten Abschnitt der innerdeutschen Grenze besaßen das Land Thüringen bzw. die drei thüringischen Bezirke Erfurt, Gera und Suhl zu den benachbarten Bundesländern Bayern und Hessen mit 670 Kilometern Länge. 45 Jahre teilte die Grenze Landschaften, Städte und Dörfer, sie zerschnitt Verkehrswege und andere Verbindungen, sie trennte Familien, Verwandte und Bekannte und prägte nachhaltig das Leben von Millionen Menschen. Mit der Abschottung der DDR durch eine in dieser Form einmalige Grenzsperranlage konnte die Fluchtbewegung der eigenen Bevölkerung in Richtung Westen massiv eingeschränkt und zeitweilig das System des sozialistischen Staates erhalten werden. Die Anziehungskraft westlicher Demokratien und besonders der Lebensverhältnisse in der BRD und in Westberlin auf erhebliche Teile der DDR-Bevölkerung konnte durch das Grenzsystem allerdings nicht verhindert werden. Im Gegenteil: Die Unerreichbarkeit eines freiheitlich-demokratischen Systems mit einem wesentlich höheren

Lebensstandard ließ besonders den westdeutschen Staat attraktiv und faszinierend erscheinen, auch wenn das Bild einer fernen, unzugänglichen Welt häufig mit Illusionen und Wunschvorstellungen verknüpft war. Ein autoritäres und oft gegen die Grundbedürfnisse und Grundrechte der eigenen Bevölkerung gerichtetes politisches System führte zu einer zunehmenden Unzufriedenheit innerhalb der DDR, deren politische Führungsspitze nur im geringen Maße und häufig nur unter dem Druck der allgemeinen internationalen Entwicklung zu partiellen Veränderungen willens und in der Lage war.

Die veränderte politische Kultur in der UdSSR, einhergehend mit dem wirtschaftlichen Verfall der sozialistischen Supermacht in der zweiten Hälfte der 80er Jahre des vergangenen Jahrhunderts, führte nicht nur zu einer massiven Wandlung innerhalb der sozialistischen Staaten in Osteuropa, sondern hatte schließlich auch entscheidende Auswirkungen für die Existenz der DDR und letztendlich für das bestehende Grenzsystem. Botschaftsbesetzungen der Vertretungen der BRD durch DDR-Bürger, eine Flut von Ausreiseanträgen und Übersiedlungen in „den Westen", durchlässig gewordene Grenzen in der Tschechoslowakischen Sozialistischen Republik (ČSSR) und in der Volksrepublik Ungarn sowie eine massive Diskussion über die Existenzberechtigung der DDR-Führung in Teilen der Bevölkerung, die „Montagsdemonstrationen" in Leipzig und in anderen Städten der DDR führten schließlich zu dem Druck, der die Berliner Mauer und die innerdeutsche Grenze zum Einsturz bringen sollte. Am 9. November 1989 begann das Ende der widernatürlichen Grenze in Deutschland, es fand mit der Wiedervereinigung der beiden deutschen Staaten am 3. Oktober 1990 seinen Abschluss.

DEUTSCHLAND UND BERLIN NACH DEM 2. WELTKRIEG 1945–1949

Nach dem Ende des 2. Weltkrieges in Europa am 8./9. Mai 1945 und der vorangegangenen vollständigen, bedingungslosen Kapitulation des Deutschen Reiches war Deutschland wie auch die ehemalige Reichshauptstadt Berlin in allen Bereichen des Lebens am Ende. Weit über 50 Millionen Menschen waren weltweit in den Jahren des Krieges gefallen, umgebracht worden oder an den Folgen des Krieges verstorben. Hunderttausende deutscher Soldaten gerieten in Gefangenschaft der alliierten Kriegsgegner. Viele Millionen Menschen hatten ihre Wohnung, ihr Haus und das gesamte Hab und Gut verloren. Weit über 12 Millionen Deutsche waren vor den heranrückenden alliierten Truppenverbänden geflohen, viele kehrten nicht mehr in ihre Heimat zurück. Zahlreiche deutsche Großstädte wie Hamburg, Breslau, Nürnberg, Dresden oder Berlin waren nur noch Ruinenstädte, die Infrastruktur existierte nicht mehr. Die Wirtschaft wie auch die Landwirtschaft waren nahezu vollständig zum Erliegen gekommen, viele Menschen hungerten. Der furchtbarste Krieg der Menschheitsgeschichte (1939–1945), von einer skrupellosen deutschen Diktatur ausgelöst, war mit unverminderter Wucht auf den Verursacher zurückgefallen.

Die ersten Weichen für die Nachkriegsordnung in Deutschland waren bereits am 12. September 1944 durch das Dreimächteabkommen in London gestellt worden. Die aus Beauftragten der drei Kriegsalliierten zusammengesetzte European Advisory Commission (EAC) hatte festgelegt, Deutschland werde „... für Besatzungszwecke in drei Zonen aufgeteilt, von denen eine jeder der drei Mächte zugeteilt wird, und in das Sondergebiet Berlin, welches unter eine Besatzungsbehörde der drei Mächte gestellt wird." In diesem Abkommen war u. a. bereits vorgesehen, dass Großberlin in den Grenzen von 1920 durch eine von der Union der Sozialistischen Sowjetrepubliken (UdSSR), Großbritannien und den Vereinigten Staaten von Amerika (USA) gebildete alliierte Kommandantur verwaltet werden soll. Auf der Konferenz in Jalta im Februar 1945 beschlossen Josef W. Stalin (1879–1953/UdSSR), Winston Churchill (1874–1965/UK) und Franklin D. Roosevelt (1882–1945/USA), auch Frankreich einen Sektor in Berlin bzw. im besetzten Deutschland zu überlassen. Von einer späteren Zweiteilung Deutschlands und Berlins war allerdings keine Rede.

Nachdem große Teile des Deutschen Reiches bereits von alliierten Truppen besetzt waren und nur noch in wenigen Territorien des Reiches und in der Reichshauptstadt Berlin Kämpfe stattfanden, übernahm am 28. April 1945 der sowjetische Generaloberst Nikolai Bersarin (1904–1945) das Stadtkommando von Berlin und am 14. Mai 1945 wurde der erste provisorische Magistrat von Berlin mit Dr. Arthur Werner (1877–1967) als Oberbürgermeister eingesetzt. Bereits zuvor war Ende 1944 Aachen die erste befreite deutsche Stadt, die von den Amerikanern besetzt worden war und eine eigene, provisorische Selbstverwaltung aufbauen konnte. Die Armeen der **Alliierten** waren bei den Kämpfen zum Kriegsende in unterschiedlichem Maße auf dem Territorium des Deutschen Reiches vorgedrungen, das nicht Bestandteil der jeweils geplanten Besatzungszonen war. Im Juli 1945 zogen sich die Amerikaner und Briten entsprechend den vorausgegangenen internationalen Abkommen aus den zeitweilig besetzten Gebieten der späteren Länder Thüringen, Sachsen, Sachsen-Anhalt, Brandenburg und Mecklenburg zurück, während die sowjetischen Streitkräfte den Westteil von Berlin für die Truppenverbände der USA, Großbritannien und Frankreich räumten und die ihnen zugesprochenen Territorien im Osten Deutschlands besetzten. Auch innerhalb der westlichen Besatzungszonen kam es zu verschiedenen Umstrukturierungen des Besatzungsregiments. Die Besatzungsmächte hatten in den ersten Monaten nach dem Kriegsende in den jeweils besetzten Gebieten die Chance genutzt, um im erheblichem Maße ganze

Orientierungsschilder in russischer Sprache, Berlin, Bezirk Wedding, Reinickendorfer Straße/Ecke Paukstraße 1945 (Foto: Landesarchiv Berlin/Otto Martens)

Industrieanlagen, Transportmittel, wertvolle Wirtschaftsunterlagen, Kulturgüter und nicht zuletzt Führungskräfte vor allem aus Forschung und Wirtschaft im Sinne einer Reparation zu übernehmen.

Mühsam begann sich in den Monaten nach Kriegsende das Leben in den Besatzungszonen und in Berlin zu normalisieren und lange Zeit erschien das Leben als wenig strukturiertes Chaos. Der Kampf um die tägliche Ernährung, die Sorge um nahe Verwandte, um Freunde und Bekannte und die Angst vor dem nächsten Tag bestimmten bei den meisten Menschen den Alltag. Zeit für ein Nachdenken über Schuld und Sühne blieb nicht. Die Verdrängung des soeben erlebten Zeitabschnittes diente dem Überleben, und neben den geistigen Trümmern mussten vor allem die materiellen Trümmer beseitigt werden.

„Eine Stunde am Alexanderplatz. Betrachtung der jugendlichen Gangster und Dirnen. Es wird verhandelt; Dreigroschenoper ohne Songs. Dann Brandenburger Tor. Allein. Manchmal stolpert man über Geleise einer Rollbahn; ... Stille wie in den

Bergen; nur ohne Rauschen eines Gletscherbachs. In der Zeitung gibt es eine Spalte für tägliche Überfälle; gelegentlich finden sie eine kleiderlose Leiche, und die Mörder stammen stets aus dem anderen Lager. ... Ganze Quartiere ohne Lichtlein. Nicht abzuschätzen ist die Menge an Schutt; aber die Frage , was jemals mit dieser Menge geschehen soll, man gewöhnt sie sich einfach ab. Ein Hügelland von Backsteinen, darunter die Verschütteten, darüber die Sterne und das letzte, was sich rührt, sind die Ratten. ... Hundert Schritte weiter stehen die Trümmerweiber, die sich mit Schaufel und Eimer gegen das Unabsehbare verbrauchen; ... Was von Berlin geblieben ist: der Ruhm der über gewissen Stätten schwebt, und die Untergrundbahn, die diese Stätten miteinander verbindet. Dazwischen die klaffende Frage, was wirklich ist."

Max Frisch (1911–1991)

Am 11. Juli 1945 nahmen die alliierten Siegermächte ihre Arbeit in der gemeinsamen Kommandantur auf. Harry S. Truman (1884–1972/USA), Churchill bzw. Attlee (1883–1967/Großbritannien) und Stalin (UdSSR) trafen sich in Cecilienhof, dem ehemaligen Potsdamer Sitz des preußischen Kronprinzen. Die vierte zukünftige Besatzungsmacht Frankreich war nicht geladen. Die Unterzeichnung des „Potsdamer Abkommens" durch die drei Alliierten am 2. August 1945 regelte in entscheidendem Maße die Nachkriegsordnung in Deutschland und legte auch die Grundlage für die massive Veränderung der Grenzen im Osten Deutschlands, in Polen, der Tschechoslowakei, in Ungarn und Rumänien. Die Regelungen der drei Alliierten wurden damit auch Grundlage für die Vertreibung von über 12 Millionen Deutschen aus ihrer Heimat, aber auch für die zwangsweise Umsiedlung Hunderttausender Polen, Ukrainer und anderer osteuropäischer Bevölkerungsgruppen. Das Potsdamer Protokoll, dem sich Frankreich am 04.08.1945 anschloss, legte die Ziele der Alliierten fest, zu denen u. a. vor allem die Entmilitarisierung, Entnazifizierung, Demokratisierung und Dezentralisierung Deutschlands gehörte. Deutschland wurde in dem Protokoll aber weiterhin als wirtschaftliche Einheit betrachtet.

Antikriegsplakat 1945, Berlin, Bezirk Wedding, Reinickendorfer
Straße 4 (Foto: Landesarchiv Berlin)

Die Urheber des Textes merkten bald, unterschiedliche Auffassungen über verschiedene Begriffe zu haben. Vorwürfe von mangelnder Vertragstreue häuften sich vor allem zwischen der UdSSR und den alliierten Westmächten. Immerhin konnte am 20. Oktober 1945 die gemeinsam ausgearbeitet Verfassung für Berlin in Kraft treten, und am gleichen Tag wurden die Stadtverordneten und die Mitglieder der Bezirksverordnetenversammlung gewählt. Die Wahlbeteiligung betrug 92%. Die im Sowjetsektor vereinigten Sozialdemokraten und Kommunisten kamen in allen Sektoren von Berlin auf 19,8% und blieben selbst im Sowjetsektor in der Minderheit.

Bereits vor den Beschlüssen des Potsdamer Abkommens hatte die Sowjetische Militäradministration (SMAD) mit dem Befehl Nr. 2 vom 10. Juni 1945 in ihrer Besatzungszone Parteien zugelassen. Neben der Kommunistischen Partei Deutschlands (KPD) und der Sozialdemokratischen Partei Deutschlands (SPD) deckten die Christlich Demokratische Union (CDU) und die Liberal-Demokratische Partei (LDP) die bürgerliche Sammelbewegung im Osten Deutschlands ab. Mitte Juli 1945 schlossen sich diese vier Parteien in der SBZ zur „Einheitsfront der antifaschistischen demokra-

Luftbild vom zerstörten Dresden, 1945 (Foto: Sächsische Landes-, Staats- und Universitätsbibliothek Dresden, Deutsche Fotothek)

tischen Parteien" zusammen, „um mit vereinter Kraft die großen Aufgaben zu lösen". Dieser sogenannte „Antifa-Block" (Einheitsfront antifaschistischer Parteien) konnte seine Beschlüsse nur einstimmig durchsetzen. Die sowjetische Besatzungsmacht bevorzugte allerdings unverhohlen die KPD, deren neue Führungskräfte nicht nur zuvor in der UdSSR geschult worden waren, sondern zum Kriegsende in der SBZ auf wichtige zu vergebene Posten geschoben wurden. Die Führung der UdSSR hoffte, durch die schnelle Zulassung der Parteien mit der noch möglichen Einflussnahme als Besatzungsmacht ihr System auf den

Westteil Deutschlands übertragen zu können. Hinter-
gedanke war, dass im Ergebnis des furchtbaren Krieges ein
massiver Linksruck in allen Teilen Deutschlands einsetzen
würde. Ab dem 27. Juli 1945 wurden in den drei westlichen
Besatzungszonen, zunächst nur auf Kreisebene, verschiedene demokratische Parteien zugelassen. Die ersten
freien, demokratischen Gemeindewahlen seit 1933 fanden
am 20.01.1945 in der amerikanischen Zone statt.
Nach den Beschlüssen der Potsdamer Konferenz begann
in der SBZ eine von den anderen Besatzungszonen ab-
weichende Entwicklung. Im September 1945 ordnete die

SMAD die erste tiefgreifende Umstrukturierung in ihrer Besatzungszone an. Durch eine „Bodenreform" wurden Grundeigentümer mit über 100 Hektar Familienbesitz und ehemals führende Nationalsozialisten entschädigungslos enteignet. Es folgten eine Schulreform im Oktober und schließlich unter dem Vorwand der „Enteignung der Kriegsverbrecher" bis 1948 die entschädigungslose Verstaatlichung von über 10 000 Unternehmen. Vor allem diese tiefgreifende Enteignungswelle sollte Grundlage für die spätere sozialistische Planwirtschaft in der DDR werden. Der Erkenntnis folgend, dass die KPD nicht gegen die SPD bestehen könne, und mit massiver Unterstützung der Kommunisten durch die sowjetische Besatzungsmacht kam es am 21./22. April 1946 zur Vereinigung von KPD und SPD zur Sozialistischen Einheitspartei Deutschlands (SED). In den Westzonen wurde diese Vereinigung nicht durchgeführt und stieß auf massiven Widerstand. Vorerst noch paritätisch in den Führungsgremien besetzt und mit einer leichten quantitativen Überlegenheit der ehemaligen SPD-Mitglieder, errang die SED bei den ersten und bis 1990 letzten freien und demokratischen Wahl im Ostteil Deutschlands im Herbst 1946 in Mecklenburg, Thüringen und Sachsen einen knappen Wahlerfolg durch die Unterstützung der Vereinigung der gegenseitigen Bauernhilfe (VdgB). Die CDU und die LDP siegten mit einer knappen Mehrheit in Brandenburg und in Sachsen-Anhalt.

Das Schicksal Deutschlands wurde allerdings auf dem internationalen Parkett entschieden. Der Begriff „**Eiserner Vorhang**", vom ehemaligen britischen Premierminister Winston Churchill 1945/46 als Metapher für die Abschottung eines sich herausbildenden Ostblocks unter der Oberhoheit der UdSSR gegenüber dem Westen gebraucht, steht stellvertretend für die Entwicklung in der internationalen Politik zwischen dem Kriegsende 1945 und dem Fall der Mauer 1989. Die USA mit ihren westeuropäischen Verbündeten und die Sowjetunion mit den in ihre Einflusssphäre geratenen osteuropäischen Staaten einschließlich der SBZ forcierten die Entwicklung zweier gegeneinander stehender Weltsysteme. 1946/47 veränderte sich die bis zu diesem Zeitpunkt noch auf Kooperation angelegte Deutschlandpolitik der USA gegenüber der UdSSR und führte zu einer Politik der Eindämmung. Während die eine Seite die diktatorische „Sowjetisierung" Osteuropas verhindern wollte, trat die andere Seite gegen die „Versklavung Europas durch den US-Imperialismus" an. Die Entwicklung der beiden Machtblöcke sollte schließlich zur Teilung Deutschlands führen. Der Zusammenschluss der amerikanischen und britischen Zonen zu einem vereinigten Wirtschaftsgebiet als Bizone am 1. Januar 1947 ließ die UdSSR befürchten, dass der westliche Teil Deutschlands in das „kapitalistische Lager" abdriften würde. Damit stand für die Sowjetunion anscheinend ein wichtiges Ziel nach der Beendigung des Krieges in Frage: die Schaffung einer dauerhaften Sicherheit vor einer möglichen neuen Aggression Deutschlands mit seinen neuen Verbündeten. Die Verhinderung der Westintegration und die gleichzeitige Ausweitung des eigenen, sozialistischen Systems wurden zum Grundbestandteil der sowjetischen Außenpolitik in der Nachkriegszeit. Bereits Mitte 1947 zeichnete sich eine weitere Verschärfung der Konfrontation zwischen Ost und West ab. Die an unterschiedlichen Auffassungen zur Deutschlandfrage gescheiterte vierte Außenministerkonferenz der Siegermächte in Moskau im März/April 1947 trug ebenso dazu bei wie die am 12.03.1947 durch den amerikanischen Präsidenten verkündete Truman-Doktrin. Diese beinhaltete die Unterstützung der „freien Völker gegen die kommunistische Bedrohung" und wurde zur Grundlage für den am 25. Juli 1949 gegründeten Nordatlantikpakt, die **NATO**. Das durch den US-amerikanischen Außenminister George L. Marshall (1880–1959) vorgeschlagene Hilfs- und Wiederaufbauprogramm seitens der USA, an alle Staaten Europas gerichtet, kam nach dem Abbruch der Verhandlungen durch die UdSSR, Polens und der Tschechoslowakei nur für die drei westlichen Besatzungszonen und die Länder Westeuropas zum Tragen. Die Ministerpräsidentenkonferenz der neugebildeten Länder in allen Besatzungszonen Anfang Juni

1947 scheiterte in München bereits an Verfahrensfragen, die ostdeutschen Vertreter reisten ab. Zum Jahreswechsel 1947/48 kristallisierte sich immer mehr ein politischer Prozess heraus, der auf eine Zweistaatlichkeit Deutschlands hinauslief. 1948 verfestigten sich die Strukturen in den westlichen Besatzungszonen und in der SBZ. Der Zweizonenwirtschaftsrat in Frankfurt/M., im Mai 1947 gegründet, erhielt Anfang 1948 weitreichende Kompetenzen, die denen eines Parlamentes glichen. Die ebenfalls 1947 in der SBZ gegründete „Deutsche Wirtschaftskommission" (DWK) erhielt im Februar 1948 gesetzgeberische Vollmachten und wurde somit ebenfalls zum institutionellen Gerüst eines sich abzeichnenden Staates. In Folge der Londoner Sechsmächte-Gespräche wurde im Februar 1948 die Empfehlung zur Bildung einer westdeutschen Regierung gegeben.

Als die Stadtverordnetenversammlung in Berlin am 24. Juni 1947 mit 89 gegen 17 Stimmen den Sozialdemokraten Ernst Reuter (1889–1953) zum Stadtoberhaupt wählte, legt der sowjetische Stadtkommandant sein Veto ein und verhinderte die Amtseinführung des Stadtoberhauptes. Im Januar 1948 behinderte die sowjetische Besatzungsmacht die Zufahrtswege nach Westberlin. Als die Stadtverordnetenversammlung von Berlin am 22. April 1948 eine neue Verfassung einführte, legten die sowjetischen Vertreter wiederum Einspruch ein. Die Verhandlungen der Alliierten über eine gesamtdeutsche Währungsunion blieben erfolglos, so dass die Westmächte im Juni 1948 eine eigene Währungsreform vorerst in den westdeutschen Besatzungszonen einführten. Daraufhin stellten die sowjetischen Vertreter am 16. Juni 1948 ihre Arbeit in der alliierten Kommandantur ein und verfügten ihrerseits verschärfte Kontrollen aller Zufahrten nach Berlin. Der Oberkommandierende der sowjetischen Streitkräfte in Deutschland verordnete dem Magistrat von Berlin eine eigene Währungsreform, die sofort von den Westalliierten für null und nichtig erklärt wurde. Die westlichen Stadtkommandanten führten daraufhin im Westteil der Stadt die bereits für die Westzonen bestehende Deutsche Mark ein. Mit einigen Tagen Verzögerung zog die SBZ mit

Deutschland nach dem 8. Mai 1945 und den Ergebnissen der Potsdamer Konferenz am 2. August 1945
gepunktete Linie = vorläufige Demarkationslinie zwischen den bis zum 8. Mai 1945 im Osten durch sowjetische und im Westen durch anglo-amerikanische Truppen besetzten Gebieten

einer eigenen Währungsreform nach. Inzwischen überschlugen sich die Ereignisse. Am 24. Juni 1948 wurde Westberlin auf dem Landweg seitens der sowjetischen Besatzungsmacht vollständig blockiert. Zwei Tage darauf improvisierten die Amerikaner, bald tatkräftig unterstützt von den Briten, eine „Luftbrücke", für die alle verfügbaren Transportflugzeuge mobilisiert wurden. Die Verhängung der Blockade seitens der Sowjetunion war ein extremes

Druckmittel. Hunger, Arbeitslosigkeit wie auch der wirtschaftliche Kollaps von Westberlin waren einkalkuliert. Die Vorräte in den Westsektoren Berlins reichten für maximal einen Monat. Der sowjetische Partei- und Regierungschef Stalin konnte damit rechnen, dass die Westmächte keinen Korridor auf dem Landwege erzwingen und es damit auf einen Kriegsausbruch ankommen lassen würden. Der amerikanische Generalgouverneur für Deutschland, Lucius Clay (1897–1978), war entschlossen durchzuhalten. Die Transporte über die „Luftbrücke" steigerten sich ständig und erreichten vom 15. April auf den 16. April 1949 einen Rekord von 1398 Flügen mit einem Transportvolumen von 12 940 Tonnen in 24 Stunden. Insgesamt wurden während der Berlinblockade 277 264 Flüge mit einer Nutzlast von 1 831 200 Tonnen durchgeführt und damit der Lebensstrom in die Westsektoren erhalten. Die „Rosinenbomber", so von den Westberlinern liebevoll bezeichnet, trugen wesentlich zu einem veränderten Bewusstsein bei großen Teilen der Westberliner Bevölkerung bei. Zu den ehemaligen westalliierten Kriegsgegnern entwickelte sich in der Not ein Geist der Kameradschaft und Dankbarkeit. 39 Briten, 31 Amerikaner und 8 Deutsche verloren im Einsatz zur Linderung der Folgen der Berlinblockade das Leben.

Während der Blockade spitzte sich die politische Lage zwischen dem Ostsektor und den Westsektoren der Stadt weiter zu. Am 6. September 1948 verhinderten kommunistische Demonstranten die Zusammenkunft der Berliner Stadtverordneten im Roten Rathaus, dem bisherigen Sitz des Berliner Magistrats in der SBZ. Die nachfolgenden Tagungen des noch gemeinsam handelnden Magistrats und der Stadtverordneten erfolgten nunmehr im Rathaus Schöneberg, das später offizieller Sitz des West-Berliner Senats mit dessen Regierendem Bürgermeister werden sollte. Der sowjetische Stadtkommandant erklärte daraufhin: „Der Berliner Magistrat und die Stadtverordnetenversammlung haben sich in ein Werkzeug der britisch-amerikanischen Behörden verwandelt, die eine antidemokratische Spaltung Berlins betreiben." Am 9. September

Entladung der „Rosinenbomber" auf dem Berliner Flughafen Tempelhof 1948 während der Berliner Blockade, (Foto: U.S. Air Force)

hatte Ernst Reuter eine Protestversammlung vor dem ehemaligen Reichstag einberufen. Trotz eines kalten und regnerischen Tages wurde es eine der eindrucksvollsten Massenkundgebungen, die Berlin je erlebt hatte. Der Appell von Ernst Reuter „Völker der Welt! Schaut auf diese Stadt ..." wurde ein emotionaler Höhepunkt seiner Rede vor Zehntausenden Westberlinern.

Am 30. November 1948 trat im „Admiralspalast" im sowjetisch besetzten Stadtteil Berlin-Mitte der „Demokratische Block" zusammen und wählte „angesichts der Tatsache, dass der 1946 gewählte Magistrat unter Missachtung elementarster Lebensinteressen Berlins und seiner Bevölkerung und ständiger Pflichtverletzung die ihr obliegenden Verpflichtungen nicht erfüllt hat", einen provisorischen „Demokratischen Magistrat". Friedrich (Fritz) Ebert (1894–1979), ein Sohn des ersten Reichspräsidenten in der Weimarer Republik Friedrich Ebert (1919–1933), wurde zum Oberbürgermeister von Ostberlin gewählt. Die zwölf westlichen Stadtbezirke führten daraufhin am 5. Dezember 1948 Wahlen durch, bei denen auch 32 Sitze für den Ostsektor reserviert wurden. Ernst Reuter konnte nunmehr sein Amt als Bürgermeister in den Westsektoren von Berlin antreten. Am 12. Mai 1949 beendete die UdSSR schließlich die Berlinblockade. Die Spaltung von Berlin war inzwischen eine Tatsache geworden, und die Kluft zwischen den Westalliierten und der sowjetischen Besatzungsmacht hatte sich maßlos vertieft. Beide Seiten hatten ihre Positionen institutionalisiert, Westberlin musste sich zunehmend mit einem Inseldasein abfinden. Die Politik der UdSSR, einen separaten Weststaat in Deutschland und damit die sich abzeichnende Westintegration der westlichen Besatzungszonen zu verhindern, war wiederum gescheitert, wurde aber mit allen Mitteln fortgesetzt.

Nachdem in den Westzonen von Deutschland 1948 Tagungen des vorbereitenden Verfassungsausschusses stattgefunden hatten und ein Parlamentarischer Rat unter Leitung von Konrad Adenauer (1876–1967) gegründet worden war, wurde das Grundgesetz der zukünftigen Bundesrepublik Deutschland erarbeitet. Am 8. Mai 1949 vom Parlamentarischen Rat angenommen, trat es am 23. Mai 1949 in Kraft. Am 10. Mai war bereits Bonn als vorläufiger Regierungssitz gewählt worden. Durch freie, demokratische Wahlen wurde am 14. Juli 1949 der 1. Deutsche Bundestag gewählt. Erster Bundespräsident und damit Staatsoberhaupt wurde Theodor Heuss (FDP, 1884–1963). Der am 15.09.1949 zum ersten Bundeskanzler gewählte Konrad Adenauer (CDU) bekannte sich bei der Kabinettvorstellung in seiner ersten Regierungserklärung zur Westintegration der Bundesrepublik.

Am 7. Oktober 1949 erfolgte die Gründung der Deutschen Demokratischen Republik (DDR). Der pseudodemokratische Volksrat, der im Mai 1949 auf der Grundlage von Einheitslisten auf dem III. Volkskongress in der SBZ gewählt worden war, erklärte sich zur Provisorischen Volkskammer. Einer freien, demokratischen Wahl war die Führung der SED aus dem Wege gegangen, da ein sich abzeichnender hoher Verlust von Stimmen auch im Vergleich zu den letzten demokratischen Wahlen in der SBZ im Jahre 1946 deutlich

*Blockade der Westsektoren Berlins. Berliner beobachten das An-
fliegen der Maschinen zum Flugplatz Tempelhof. Berlin, Bezirk
Tempelhof 1948 (Foto: Landesarchiv Berlin)*

erkennbar war. Vier Tage später wählte die provisorische
Volkskammer die beiden SED-Mitglieder Wilhelm Pieck
(1876–1960) zum Präsidenten und Otto Grotewohl (1894–
1964) zum Ministerpräsidenten der DDR. Vertreter der in
der DDR zugelassenen anderen Parteien waren zwischenzeitlich mit entsprechenden Posten geködert worden.
Hauptstadt der DDR wurde Ostberlin, später als „Berlin,
Hauptstadt der DDR" tituliert. Die Teilung von Deutschland war nun endgültig vollzogen. Auch wenn seitens der
beiden deutschen Staaten und der vier Besatzungsmächte
aus unterschiedlichen Beweggründen Vorschläge zur Wiedervereinigung gemacht wurden, waren sich alle Seiten im
Klaren, dass es vorerst nicht dazu kommen sollte. Der beginnende „**Kalte Krieg**" zwischen den beiden entstehenden
Staats-Blöcken mit den Atommächten USA und UdSSR als
jeweilige Führungskraft sollte sich nunmehr vor allem auf

deutschem Boden abspielen. Während die Gründung der BRD von großen Teilen der Bevölkerung getragen wurde, war es in der DDR nur eine Minderheit, die dem sowjetisierten, sozialistischen System Wohlwollen entgegenbrachte. Damit war die DDR-Führung gezwungen, zum Machterhalt innerhalb der sozialistischen Staatengemeinschaft unter der Führung der UdSSR ihr System vor allem nach innen abzusichern. Nachdem wirtschaftliche und andere Leistungen nur im begrenzten Umfang zum Tragen kamen, einschneidende Strukturveränderungen in allen Bereichen die weitere Entwicklung des wesentlich kleineren Teils von Deutschland beschnitten und das benachbarte „andere Deutschland" vor allem im ökonomischen Bereich in Riesenschritten davoneilte, begann bereits kurz nach der DDR-Gründung auch der Ausbau des in der deutschen Geschichte einzigartigen Grenzsystems.

US-Jeeps auf Patrouille. Hessische Grenze zu Thüringen (amerikanische Besatzungszone/Sowjetische Besatzungszone), um 1949 (Foto: Point Alpha)

DEMARKATIONSLINIE, ZONEN-GRENZEN UND INNERDEUTSCHE GRENZE VON 1945–1952

Zwischen den vier Besatzungszonen bestand eine **Demarkationslinie**, die bereits im Londoner Protokoll von 1944 durch die Alliierten festgelegt worden war. Sie verlief im Wesentlichen entlang der alten Provinzgrenzen des Deutschen Reiches aus dem Jahre 1937. Nachdem die Besatzungsmächte in der ersten Julihälfte 1945 die vereinbarten Besatzungszonen endgültig übernommen hatten, erfolgte in wenigen Fällen außerhalb der ursprünglichen internationalen Vereinbarungen ein partieller Gebietsaustausch zwischen einzelnen Besatzungszonen. Dieser wurde zumeist auf militärischer Führungsebene vereinbart. Bekanntes Beispiel wurde das „Wanfrieder Abkommen" zwischen den amerikanischen und sowjetischen Streitkräften. Die USA waren für die Verbindung zwischen ihrer besetzten Südzone und der amerikanischen Enklave Bremen/Bremerhaven auf eine Eisenbahnlinie angewiesen, die bei Bad Sooden-Allendorf teilweise durch das Gebiet der sowjetischen Zone, im Eichsfeld, verlief. Einige hessische Gemeinden wurden daher gegen einige thüringische Gemeinden und Gemarkungen ausgetauscht.

Der Verlauf der Demarkationslinie zwischen den westlichen Besatzungszonen und der SBZ wurde vorerst und noch nicht durchgehend mit farbigen Grenzpfählen und Markierungen an Bäumen gekennzeichnet. Zonenüberschreitende Straßen wurden in vielen Fällen bereits mit Schlagbäumen abgesperrt, vereinzelt entstanden die ersten Drahtzäune und erste Hinweistafeln auf die Demarkationslinie. Noch existierte keine durchgängige Grenzsicherung, und die Demarkationslinie bildete zu diesem Zeitpunkt eine kaum sichtbare Barriere. Nur die Bewachung gemäß der Direktive Nr. 23 des Alliierten Kontrollrates, ursprünglich ausschließlich von Soldaten der Besatzungsmächte durchgeführt, ließ bereits das Grenzsystem vor allem zwischen Ost und West und damit zwischen zwei sich zunehmend unterschiedlich entwickelnden politischen Systemen spürbar werden.

Bereits nach Kriegsende 1945 war das legale Passieren der Demarkationslinie an die Genehmigung der Alliierten gebunden. Im Herbst 1945 erließ der Alliierte Kontrollrat erste Regelungen zum Güter- und Personenverkehr über die Zonengrenzen. Trotz all dieser Maßnahmen wechselten in den Nachkriegswirren Hunderttausende Menschen aus unterschiedlichen Beweggründen ohne offizielle Geneh-

Zonengrenz-Kontrollpunkt an der Glienicker Brücke auf der Straße nach Potsdam: Ostdeutscher Grenzpolizist und sowjetische Soldaten an ihrem Wachhäuschen, um 1950 (Foto: ullstein bild)

Schlagbaum bei Asbach/Thüringen zur Grenze nach Bayern, 1950
(Foto: Bundesarchiv Koblenz/ADN-ZB/Donath)

migung über die Demarkationslinie. Frauen, Männer und Kinder waren auf der Suche nach Familienangehörigen, Freunden und Bekannten. Ausgebombte oder aus ihren Wohnungen Vertriebene suchten nach einem Dach über dem Kopf oder einem neuen Zuhause. Flüchtlinge, entlassene Kriegsgefangene und ehemalige Zwangsarbeiter waren auf dem Weg in die Heimat oder in eine neue Heimat. Aus den polnisch besetzten Ostgebieten und aus der Tschechoslowakei wurden die verbliebenen Deutschen systematisch vertrieben. Bereits zu diesem Zeitpunkt ließ sich eine massive Bewegung in Richtung der westlichen Besatzungszonen erkennen. Eine große Rolle spielte auch der Schmuggel von Lebensmitteln, wie Kartoffeln, Butter oder Speck, und von einfachen Dingen des täglichen Bedarfs, wie Strümpfe, Glühlampen oder Rasierklingen. Das „Hamstern" bzw. der Schwarzhandel über die noch locker gesicherte Grenze entwickelte sich für verschiedene Menschen zum lukrativen Geschäft. So gab es Grenzführer, die für Bezahlung Menschen zumeist von Ost nach West führten, oder Geschäftemacher, die im umfangreichen Maße die Not der Zeit ausnutzten, um seltene Waren über die Zonengrenzen zu schmuggeln. In verschiedenen Fällen nutzten auch die alliierten Militärangehörigen diese Strukturen zum eigenen Vorteil. Gaststätten, Mühlen oder vereinzelte, in exponierter Lage befindliche Gehöfte im Verlauf der Demarkationslinie waren häufig Ausgangspunkt für illegale Grenzgänger, Schwarzhändler und Schmuggler. Die meisten nicht legalen Grenzübertritte erfolgten in der Nacht. Die beim illegalen Grenzübergang Festgenommenen wurden häufig gleich in ihre Besatzungszone zurückgeschickt und verwarnt, aber auch verhört und die mitgeführte Ware beschlagnahmt. In schwerwiegenden Fällen, besonders bei Wirtschaftskriminalität oder auch dem Verdacht der Spionage, wurden Haftstrafen erlassen. Diese Maßnahmen erfolgten auch in den westlichen Besatzungszonen. Verschiedentlich arbeiteten die alliierten Grenzposten Hand in Hand mit den illegalen Grenzgängern zusammen und drückten, manchmal auch für eine Zuwendung, die Augen zu und ließen die Grenzgänger unbehelligt. In einzelnen Fällen kam es allerdings auch zum Einsatz der Schusswaffe von Seiten sowjetischer Militärangehöriger gegenüber „Grenzverletzern", und besonders am Grenzabschnitt zwischen Thüringen und Bayern wurden die ersten Grenzgänger an der Demarkationslinie durch Deutschland erschossen.

Am 30. Juni 1946 hatte der Alliierte Kontrollrat auf Antrag der UdSSR und im Einvernehmen mit den Westalliierten einen Beschluss zur Sperrung der Demarkationslinie erlassen. Allen vier Alliierten war daran gelegen, die sich abzeichnende Massenflucht in Richtung Westen einzuschränken. Die sowjetischen Besatzer befürchteten einen Prestigeverlust und einen Verlust von qualifizierten Fachkräften aus ihrer Besatzungszone. Die drei Westmächte waren dagegen angesichts des anhaltenden Flüchtlingsstroms vor Versorgungs- und Unterbringungsmöglichkeiten in den eigenen Besatzungszonen vor Probleme gestellt. Die Zonengrenzen konnten fortan nur noch mit einer Interzonenreisegenehmigung, einem **Interzonenpass** oder einer Zuzugsgenehmigung passiert

Grenze zwischen dem amerikanischen Sektor und der sowjetischen Zone, Griebnitzsee, Berlin, Bezirk Zehlendorf, um 1950 (Foto: Landesarchiv Berlin/Ewald Guilka)

werden. Für die im Zonengrenzbereich zwischen der Ost- und den Westzonen lebenden Menschen gab es einen Grenzausweis für den „Kleinen Grenzverkehr". Davon profitierten vor allem die Menschen, die überwiegend im Westteil Deutschlands arbeiteten. Die Demarkationslinie konnte nur noch an den wenigen festgelegten Kontroll- passierpunkten, den späteren **Grenzübergangsstellen**, legal überschritten werden.

Die Verantwortung der Grenzüberwachung an den Zonengrenzen wurde besonders zwischen der SBZ und den angrenzenden Besatzungszonen zunehmend deut- schen Stellen übertragen. Zuerst übernahm im September 1945 der neu gebildete Zollgrenzschutz in Niedersachsen Teile der Grenzüberwachung. Im Mai 1946 wurde die Hessische Grenzpolizei gegründet und am 15. November 1946 entstand die Bayerische Grenzpolizei. In der SBZ erteilte die Sowjetische Militäradministration in Deutsch- land (SMAD) am 18. November 1946 den Befehl zum Aufbau einer **Deutschen Grenzpolizei (DGP)** in ihrer Besatzungszone. Am 1. Dezember 1946 nahmen die ersten Grenzpolizeikommandos und Grenzposten ihren Dienst im Osten auf, zunächst nur zur Unterstützung der sowjetischen Grenzüberwachung. Auf den 2236 Kilometern Landgrenze der SBZ, einschließlich der Grenzen im Osten und zur Tschechoslowakei, wurden zunächst 2543 Grenzpolizisten eingesetzt, die u. a. „ein illegales Überschreiten der Grenzlinien zu verhindern, Schwarzhandel, Schiebertum und Bandenwesen zu bekämpfen, nach Kriegs- und Naziverbrechern sowie illegalen faschistischen und militaristischen Gruppen und sonstigen Rechtsverbrechern zu fahnden und vor allem die Flucht in die Westzonen" zu verhindern hatten. Die neu gebildeten Grenzpolizeieinheiten in der SBZ waren ursprünglich Bestandteil der Schutzpolizei in den neu entstandenen Ländern in der sowjetischen Besatzungszone. Die Struktur der Einheiten wies ursprünglich große Unterschiede auf. Mit der geringen Personalstärke einer unzureichenden Ausbildung und Ausrüstung war die ostdeutsche Grenzpolizei nur bedingt zur Grenzüberwachung fähig und noch längere Zeit auf die Unterstützung des sowjetischen Militärs angewiesen. 1947 erfolgte eine umfassende Reorganisation der DGP

Grenzort Mödlareuth. Der Bach bildet die Zonengrenze zwischen Thüringen und Bayern, die mitten durch das Dorf verläuft. Juli 1949 (Foto: Bundesarchiv Koblenz, ADN-ZB/Donath)

mit einer Personalaufstockung sowie eine Vereinheitlichung der Struktur. Die Grenzpolizei wurde nun mit einheitlichen blauen Uniformen und mit dem alten deutschen Karabiner (K 98) und Pistolen aus ehemaligen Wehrmachtsbeständen ausgerüstet.

Immer mehr wurde auch in der deutschen Bevölkerung eine sich entwickelnde Trennung zwischen der SBZ und den westlichen Besatzungszonen spürbar. Im November 1948, während der Berlin-Blockade und im Zusammenhang

Beamte des Bundesgrenzschutzes im Dienst, 1950er Jahre (Foto: Point Alpha)

mit der Währungsreform in Westdeutschland und den Westsektoren von Berlin, wurde die DGP aus der Verfügungsgewalt der ostdeutschen Länder herausgelöst und direkt unter die Hauptabteilung Grenzpolizei und Bereitschaften in der Deutschen Verwaltung des Inneren unterstellt. Damit verfügte die SBZ Ende 1948 über eine zentral geleitete, militärisch organisierte Sonderpolizeiformation. Bereits zu diesem Zeitpunkt wurden in einem Ring um Berlin seitens der DGP Kontrollstellen besetzt, die einen freien Zugang zu den einzelnen Sektoren einschränken sollten. Mit der Gründung der DDR am 7. Oktober 1949 wurde die Hauptabteilung Grenzpolizei Teil der Hauptverwaltung **Deutsche Volkspolizei** im Ministerium des Inneren (MdI). Inzwischen betrug der Personalbestand der Deutschen Grenzpolizei in der DDR über 20 000 Mann. Ab 1950 wurde der Grenzpolizei auch die Sicherung der Seegrenze der DDR übertragen.

In Westdeutschland entstand der **Bundesgrenzschutz (BGS)** erst am 16. März 1951 und wurde dem Bundes-

innenministerium unterstellt. Im besonderen Maße sollte der BGS im Zusammenwirken mit der Bayerischen
Grenzpolizei und dem **Zollgrenzdienst** die Grenze zur
DDR und zur ČSSR überwachen, aufklären und den
Kontrolldienst an den Grenzübergangstellen gewährleisten. Der BGS gliederte sich anfangs in die Grenzschutzkommandos West (ab 1953 Mitte), Nord und Süd
mit je 4 Grenzschutzabteilungen zu je 600 Mann, den
Seegrenzschutzverband (500 Mann) und eine Grenz-
schutzabteilung Bau. Die Personalstärke lag ursprünglich bei ca. 10 000 Mann und wurde bereits ab Mitte 1953
auf 20 000 Mann aufgestockt. Nach verschieden Strukturveränderungen Mitte der 1950er Jahre und einer Neu-
ausrüstung, u. a. mit der Errichtung einer eigenen Flug-
bereitschaft in Hangelar, trat am 31.05.1956 das zweite
BGS-Gesetz in Kraft. Es sah u. a. die Übernahme von ca.
9600 BGS-Angehörigen in die Bundeswehr vor. Der vollständig überführte Seegrenzschutzverband des BGS
bildete den Grundstock für die Bundesmarine. Bis 1961
wurde der BGS wieder auf 14 000 Mann aufgefüllt. Zusätzliche Waffengattungen, u. a. die Pionier- und Fern-
meldetruppe, wurden eingeführt. Mitte 1961 gliederte
sich der BGS in vier Grenzschutzkommandos mit vier
technischen und vier Ausbildungsabteilungen, acht
Grenzschutzgruppen und 24 Grenzschutzabteilungen
sowie in das Grenzschutzkommando Schulen, den
Grenzschutzeinzeldienst und die Grenzschutzverwaltung.
1964 entstand die Grenzschutzfliegergruppe, die um 1970
über ca. 50 Hubschrauber verfügte. Ebenfalls seit 1964
wurde der Bundesgrenzschutz See wieder aufgebaut. Seit
1961/62 waren bei allen BGS-Kommandos Nachrich-
tenzentralen zum Erfassen von Aufklärungs- und Spiona-
geaufgaben gebildet worden. Diese arbeiteten den Ver-
bindungsstäben für Aufklärung/Spionage zu, die in den
an die DDR und ČSSR angrenzenden Bundesländern bestanden.

Noch sollte sich bis 1952 am System einer gewissen
Durchlässigkeit der Grenze zwischen Ost und West nichts

Straßensperre an der Grenze nach Ost-Berlin, Bezirk Kreuzberg/
Bezirk Mitte, Charlottenstraße, 8.8.1951. Ostberlin bezeichnete
sich als „Demokratischer Sektor" (Foto: Landesarchiv Berlin/Gert
Schütz)

ändern. Ein weiterer Ausbau der Sperranlagen, eine Verschärfung der Bürokratie im grenzüberschreitenden Reiseverkehr und eine personelle Verstärkung der Grenzpolizei
in der DDR ließen den Grenzübertritt entlang der innerdeutschen Grenze aber zunehmend schwieriger werden.
Bereits zum Jahresende 1949, im Gründungsjahr der
beiden deutschen Staaten, bilanzierte die Grenzpolizei in
Thüringen für ihren Grenzabschnitt, dass 193 186 Grenzverletzer, überwiegend Bewohner der SBZ bzw. DDR, gestellt worden waren und dass dabei 6506 mal geschossen
worden sei. Die Schüsse wurden zumeist als Warnschüsse
abgegeben. Vierzig Menschen seien dabei verletzt und
zwölf getötet worden. „Nur eine schwache Streifentätig-
keit der westlichen Polizei" stellten die Thüringer Grenzpolizisten dabei fest.

SCHLIESSUNG DER INNER-DEUTSCHEN GRENZE – BERLIN ALS OFFENE STADT 1952–1961

Zu Beginn des Jahres 1952 billigte die Volkskammer der DDR einen Gesetzentwurf für die gesamtdeutschen Wahlen zu einer Nationalversammlung. Eine Kontrolle dieser gesamtdeutschen Wahlen durch eine Kommission der Vereinten Nationen (UNO) hatten allerdings UdSSR und DDR im Vorfeld bereits abgelehnt. Die Bundesregierung lehnte daraufhin die von östlicher Seite vorgegebenen Bedingungen ab. Vorausgegangen war eine von Stalin (UdSSR) den Westmächten vorgeschlagene Wiedervereinigung Deutschlands in der sogenannten Stalinnote, die u. a. eine Neutralität Deutschlands anstrebte.

Mit dem Abschluss des Deutschlandvertrages am 26. Mai in Bonn, der u. a. die Gleichberechtigung der BRD in der westeuropäischen Gemeinschaft festlegte, und des Vertrages über die Gründung der „Europäischen Verteidigungsgemeinschaft" (EVG) in Paris am 27. Mai 1952 war die Westintegration der jungen BRD in eine neue Phase getreten. Damit waren auch die Pläne der UdSSR endgültig gescheitert, die Westeinbindung zu verhindern. In die Zeit der Vorbereitung des Deutschlandvertrages der Bundesrepublik Deutschland mit den drei Westmächten fielen die entscheidenden Vorbereitungen für die Abschottung der DDR von Westdeutschland durch ein verschärftes Grenzregime.

Am 5. Mai 1952 wurde die Führung der Hauptabteilung Grenze der Deutschen Grenzpolizei zur Sowjetischen Kontrollkommission nach Berlin-Karlshorst einbestellt und über eine Neuordnung der innerdeutschen Grenze gesprochen. Am 16. Mai 1952 erfolgte die Herauslösung der Deutschen Grenzpolizei aus dem Bestand der Volkspolizei und eine Angliederung an das **Ministerium für Staatssicherheit (MfS)** der DDR. Im direkten Zusammenwirken zwischen

Wohnhaus in Thüringen (Buchmühle) an der Grenze zu Hessen, im Vordergrund der Grenzzaun aus Stacheldraht, um 1952 (Foto: Point Alpha)

dem MfS und der Führung der SED wurden schließlich alle Schritte eingeleitet, um am Tag der Unterzeichnung des Deutschlandvertrages seitens der BRD die neue **Grenzordnung** für die innerdeutsche Grenze bekanntzugeben. Gleichzeitig erfolgte eine massive propagandistische Vorbereitung der DDR-Bevölkerung, vor allem derjenigen, die im Grenzbereich zur Bundesrepublik wohnte. Falschmeldungen in der regionalen DDR-Presse vermittelten, dass die BRD Polizeimaßnahmen gegen die DDR und die Grenzbevölkerung plane. Ein permanentes Schüren der Angst vor „imperialistischen Agenten und Saboteuren", die den Aufbau der DDR stören würden, spielte in der Propaganda bereits seit der Gründung der DDR eine große Rolle. In den 50er Jahren wurde diese künstlich geschürte Hysterie wesentlicher Bestandteil der politischen Propaganda, die damit auch von den wirtschaftlichen und politischen Misserfolgen in der DDR ablenken sollte. Genau am Tage der Unterzeichnung des Deutschlandvertrages, am 26. 5. 1952, wurde vom Ministerrat der DDR die „Verordnung über Maßnahmen an der Demarkationslinie zwischen der Deutschen Demokratischen Republik und den westlichen Besatzungszonen" verkündet. Noch war im Sprachgebrauch von der Demarkationslinie und nicht von einer Staatsgrenze die Rede. Die DDR, später peinlich genau auf die Nennung des eigenen Staatsnamens bedacht, umschrieb in dieser in der Nachkriegsgeschichte wesentlichen Verordnung die BRD als die „westlichen Besatzungszonen" und benennt sich selbst nur mit der Staatsbezeichnung. Die am selben Tag erlassene und einen Tag später, am 27. Mai 1952, verkündete „Polizeiverordnung über die Einführung einer besonderen Ordnung an der Demarkationslinie" legte schließlich die Regelungen fest, die für das Grenzgebiet der innerdeutschen Grenze in der DDR in den Grundzügen bis 1989 bestehen bleiben sollten. Durch diese Verordnung wurde aus Sicht der DDR die rechtliche Grundlage für den Ausbau der Grenzanlagen zu einer befestigten und hochgesicherten Staatsgrenze gelegt. Das grenznahe Gebiet wurde in ein gestaffeltes Sicherheitssystem einbezogen. Es veränderte schlagartig das Leben hunderttausender Menschen in der DDR wie auch in der BRD und schränkte die Bewegungsmöglichkeiten vor allem der über 17 Millionen Bewohner der DDR massiv ein. Unterzeichnet war die Verordnung von Wilhelm Zaiser (1893–1958), Minister des Ministeriums für Staatssicherheit der DDR, dem inzwischen die Deutsche Grenzpolizei unterstellt worden war.

§ 1 Die entlang der Demarkationslinie zwischen der Deutschen Demokratischen Republik und Westdeutschland festgelegte Sperrzone umfasst einen 10 m breiten Kontrollstreifen unmittelbar an der Demarkationslinie, anschließend einen etwa 500 m breiten Schutzstreifen unmittelbar an der Demarkationslinie und dann eine etwa 5 km breite Sperrzone.
§ 2 Die Bestimmungen des kleinen Grenzverkehrs sind aufgehoben. Die Demarkationslinie darf nur mit gültigem Interzonenpaß an den vorgesehenen Kontrollpunkten passiert werden.

Zwangsaussiedlung aus dem Sperrgebiet in Thüringen, Sommer 1952 (Foto: Point Alpha)

§ 3 Für Personen, die im Sperrgebiet wohnen, werden ab sofort keine Interzonenpässe mehr ausgegeben. Für Personen, die in Westdeutschland wohnen, werden für das Sperrgebiet keine Aufenthaltsgenehmigung mehr erteilt. Die Einreise in das Sperrgebiet mit Interzonenpaß oder Visum ist mit sofortiger Wirkung verboten.

§ 4 Das Überschreiten des 10 m-Kontrollstreifens ist für alle Personen verboten. Personen, die versuchen, den Kontrollstreifen in Richtung Deutsche Demokratische Republik oder Westdeutschland zu überschreiten, werden von den Grenzkontrollstreifen festgenommen. Bei Nichtbefolgen der Anordnungen der Grenzstreifen wird von der Waffe Gebrauch gemacht.

...

§ 6 In der 5 km Sperrzone sind alle öffentlichen Veranstaltungen, Versammlungen, Kundgebungen und Massenveranstaltungen jeder Art genehmigungspflichtig. Die Genehmigung ist durch die örtlichen Verwaltungsorgane 24 Stunden vor Beginn von der zuständigen Grenzpolizei-Kommandantur einzuholen. Alle Veranstaltungen, Versammlungen usw. müssen bis 24 Uhr beendet sein.

...

§ 8 Einwohner der Deutschen Demokratischen Republik außerhalb der Sperrzone, die aus beruflichen oder anderen Gründen (z. B. Dienstfahrten, Besuch der Angehörigen usw.)

vorübergehend in die Sperrzone einreisen wollen, müssen bei dem für ihren Ort zuständigen Kreisamt der Deutschen Volkspolizei einen Passierschein für die Einreise in die 5 km Sperrzone beantragen. Personen, die in die 5 km Sperrzone vorübergehend einreisen, sind verpflichtet, sich mit der Frist von 12 Stunden bei den örtlichen Polizeibehörden anzumelden, bzw. beim Verlassen des Gebietes abzumelden.

§ 9 ... Die Bevölkerung ist verpflichtet, alle Personen, die sich widerrechtlich in dem 500 m Schutzstreifen aufhalten, sofort der Deutschen Grenzpolizei zu melden.

§ 10 Innerhalb des 500 m Schutzstreifens ist der Aufenthalt auf Straßen und Feldern, der Verkehr aller Art von Transportmitteln und die Ausführung von Arbeiten aller Art außerhalb der Wohnungen nur von Sonnenaufgang bis Sonnenuntergang gestattet. Die Ausführung von Arbeiten in unmittelbarer Nähe des 10 m Kontrollstreifens ist nur unter Aufsicht der Grenzpolizei gestattet. Zum Aufsuchen der Arbeitsplätze außerhalb der Ortschaften dürfen nur die von der Grenzpolizei vorgeschriebenen Wege benutzt werden.

§ 11. Öffentliche Gaststätten, Kinos, Pensionen, Erholungsheime und andere öffentliche Lokale, die sich in dem 500 m Schutzstreifen befinden, werden geschlossen. Versammlungen und Massenveranstaltungen jeder Art sind verboten.

...

§ 13 ... Nur die bei dem Grenzkommando listenmäßig erfassten Personen haben das Recht, den 500 m Schutzstreifen zu betreten. ...

Aus: „Polizeiverordnung über die Einführung einer besonderen Ordnung an der Demarkationslinie"
DDR, 26. Mai 1952

Im Zusammenhang mit der nunmehr völlig veränderten Situation wurden Tausende Menschen im Grenzgebiet der DDR zur BRD in einer beispiellosen Aktion im Sommer 1952 zwangsweise umgesiedelt und mussten häufig binnen einer Frist von 48 Stunden ihre Heimat, Verwandte und Bekannte wie auch das Hab und Gut zurücklassen. Bis zum Herbst 1952 wurden über 2400 Familien mit etwa 8400

Eine Familie aus Thüringen nach geglückter Flucht in Hessen, Mai 1952 (Foto: Point Alpha)

Angehörigen aus dem Grenzgebiet der DDR zwangsausgesiedelt. Zahlreiche Menschen versuchten, sich mit massivem Widerstand und mit Protesten gegen ihre Umsiedlung zu wehren. In Thüringen wurden sie dabei auch von der evangelischen Kirchenleitung und in verschiedenen Fällen von Mitbürgern in den Städten und Gemeinden unterstützt. Die Zwangsaussiedlung wurde seitens der zuständigen staatlichen Einrichtungen unter dem Decknamen „Aktion Ungeziefer" durchgeführt. Kommissionen legten fest, wer in den einzelnen Städten und Gemeinden als „politisch unzuverlässig" im Sinne der noch jungen DDR galt. Dabei wurde willkürlich in überaus subjektiver Weise in das Leben zahlreicher Familien eingegriffen. Über 6400 Menschen entzogen sich der staatlich festgelegten Zwangsmaßnahme durch die Flucht in den Westen. Damit waren insgesamt etwa 15 000 Menschen von der Zwangsaussiedlung direkt betroffen. Für die aus ihrer Heimat ausgesiedelten Menschen wurden „Westkontakte", eine nationalsozialistische Vergangenheit, fehlende gesellschaftliche Aktivitäten im Sinne der DDR, kriminelle Handlungen oder einfach eine antidemokratische Haltung unterstellt oder nachgewiesen. Die Zwangsausgesiedelten fühlten sich in der DDR gebrandmarkt und hatten oft das Gefühl, auch weiterhin unter Beobachtung der „staatlichen Organe" zu stehen. Nur wenige der aus dem Grenzgebiet ausgesiedelten Menschen konnten erreichen, wieder in ihre Heimat zurückzukehren. Erst nach dem Fall der innerdeutschen Grenze ab dem 9. November 1989 konnten die meisten von ihnen nach Jahrzehnten der Zwangsaussiedlung ihre Heimat wieder betreten und in aufwendigen Verfahren ihr unrechtmäßig enteignetes Eigentum zurückerhalten.

Etwa 400 000 Bewohner der DDR verblieben in der neugebildeten Sperrzone und wurden fortan durch immerwährende Kontrollen und staatliche Auflagen massiv in ihrer Lebensqualität eingeschränkt. Mit Steuererleichterungen und einer verbesserten Versorgung mit Lebensmitteln bzw. Dingen des täglichen Bedarfs versuchte die DDR-Führung in den folgenden Jahrzehnten das Leben der in der Sperrzone Verbliebenen etwas zu erleichtern. Die Eingewöhnung für die im Grenzgebiet wohnenden Menschen war ein langer Prozess. In den 1950er und Anfang der 1960er Jahre waren auch noch Gespräche und Kontakte von Verwandten und Bekannten in Ost und West über den Stacheldraht und die Absperrungen möglich, lebten auseinandergerissene Familien doch oft nur wenige Meter voneinander getrennt auf der jeweiligen Grenzseite. Kleine Geschenke konnten über die Grenze geworfen werden und die Kinder in den Dörfern an der Grenze neckten sich über die Grenzanlagen hinweg und fuhren ab und an mit ihrem Dreirad auf dem säuberlich geharkten Kontrollstreifen. Mit Geldstrafen und einem straffer organisierten Grenzregiment wurden diese Kontakte zunehmend unterbunden, nach dem Bau der Berliner Mauer 1961 und dem damit verstärkten Ausbau der innerdeutschen Grenze kamen sie gänzlich zum Erliegen.

Bis Ende August 1952 verausgabten die 23 DDR-Grenzkreise über fünf Millionen Deutsche Mark (DM) zur Finanzierung der Maßnahmen infolge der Verordnung vom 26. 5. 1952. Ein Lehrer verdiente in der DDR vergleichsweise in dieser Zeit monatlich etwa 200 DM brutto. Über die Hälfte des für den Grenzausbau bereitgestellten Betrages,

*Pflügen des Zehnmeterstreifens durch Grenzpolizisten der DDR an
der thüringisch-hessischen Grenze, nach 1952 (Foto: Point Alpha)*

2,7 Millionen DM der DDR, verwendete man zur Deckung
der Kosten für die Einrichtung des bis zu 10 Meter breiten
Kontrollstreifens entlang der Demarkationslinie, der bis
Ende Oktober 1952 nahezu vollendet war.
Die über Jahrhunderte historisch gewachsenen Regionen
im grenznahen Raum waren mit einem Schlag auseinander-
gerissen. In Ost wie in West führte dies auch zu erheblichen
wirtschaftlichen Problemen. Betriebe verloren ihre Zu-
lieferer, einen Teil ihrer Mitarbeiter und in vielen Bereichen
auch die Kundschaft. Landwirtschaftliche Flächen und
Wälder waren nicht mehr nutzbar und vertieften den
Niedergang der Landwirtschaft im Grenzgebiet. Das Land
Niedersachen verlor in diesem Zusammenhang etwa 30%
der landwirtschaftlichen Nutzfläche. Während die auf ostdeutscher Seite liegenden Flächen Westdeutscher entschädigungslos enteignet wurden und später zumeist
Bestandteil der Landwirtschaftlichen Produktionsgenossenschaften (LPG) wurden, zahlten die westdeutschen Pächter
zumeist auf ein Treuhänderkonto Pacht für die ehemaligen
Nutzflächen der ostdeutschen Landwirte. Die DDR-Betriebe hatten durch die fortschreitende Verstaatlichung, die
vorgegebene Planwirtschaft und eine damit verbundene
staatliche Regulierung zumeist weniger Probleme mit den

einschneidenden Veränderungen durch die abrupte Grenzschließung. Den ostdeutschen Arbeitskräften, die im
Westen arbeiteten und damit bessere Verdienstmöglich-
keiten hatten, blieben allerdings fortan nur noch zwei
Möglichkeiten: die Flucht nach Westdeutschland oder die
Aufnahme eines neuen Arbeitsverhältnisses in der DDR.
In Ausnahmefällen durften wenige westdeutsche Arbeiter
bis zur endgültigen Abriegelung der Grenze durch den Bau
der Berliner Mauer 1961 in grenznahen DDR-Betrieben
arbeiten, wie z. B. im Schieferbergbau in Lehesten (Thüringen). Nur in Berlin blieb bis zum August 1961 die Möglichkeit bestehen, im jeweils anderen Teil der Stadt uneingeschränkt zu arbeiten.

Die Menschen in den grenznahen Territorien der westdeutschen Bundesrepublik sahen sich durch die Grenzschließung vor schwerwiegende Probleme gestellt. Bereits
nach dem Kriegsende waren diese Regionen durch einen
verstärkten Zuzug aus Ostdeutschland und Osteuropa in
zusätzliche wirtschaftliche Schwierigkeiten geraten. In den
teilweise stark landwirtschaftlich geprägten Gebieten, wie
z. B. in den fränkischen Landesteilen in Bayern, konnten

*Eine Streife der Deutschen Grenzpolizei bei der Kontrolle des Elb-
ufers, 23. 12. 1956 (Foto: Bundesarchiv Koblenz, ZB)*

Ein Küstenschutzboot der Deutschen Grenzpolizei vor der Insel Rügen, 14.12. 1955 (Foto: Bundesarchiv Koblenz, ZB)

bereits zu diesem Zeitpunkt kaum genügend Arbeitsplätze zur Verfügung gestellt werden. Nach der endgültigen Grenzschließung waren nunmehr viele Menschen gezwungen, weiter in das Landesinnere zu ziehen, um eine sichere wirtschaftliche Existenz aufzubauen. Die grenznahen „Zonenrandgebiete" zur DDR liefen Gefahr, von der allgemeinen wirtschaftlichen Entwicklung abgekoppelt zu werden. Bereits 1950 hatte die junge Bundesregierung deshalb erste Maßnahmen ergriffen, um den sich abzeichnenden Notstand in den grenznahen Bereichen vorzubeugen, und eine **Zonenrandförderung** eingeführt. In diese Fördermaßnahmen wurde ein Streifen aller Grenzkreise der BRD zwischen Ostsee und der Grenze zur ČSSR einbezogen, der sich in einer Tiefe von ca. 40 Kilometern an der innerdeutschen Grenze bzw. zur ČSSR befand. 1953 entstand ein erster Förderkatalog. Darin waren u. a. durch Bund und Länder bereitgestellte Kreditmittel, Frachtbeihilfen oder Sonderabschreibungen geregelt. Ende der 1950er Jahre wurden eine Schwerpunktförderung für den Zonenrand eingeführt und nach 1965 zur Zonenrandförderung verschiedene Rahmengesetze verabschiedet. Das Bundesraumordnungsgesetz legte dabei die Rangfolge der

Bundeshilfen fest. Priorität hatte die Westberlin-Förderung, es folgten das Zonenrandgebiet und schließlich die anderen zu fördernden Gebiete. Das Zonenrandgebiet umfasste knapp 20% des Bundesgebietes einschließlich Westberlins, auf dem über 12% der westdeutschen Bevölkerung lebte. In drei Schwerpunktbereichen sollte die Lebensqualität angeglichen werden: auf der Ebene der Infrastrukturversorgung, auf der Ebene der Umweltqualität und auf der Ebene der Arbeits- und Einkommensverhältnisse. Die Förderung von Bund und Ländern blieb bis zum Fall der Grenze ein wichtiges Element der Deutschlandpolitik der Bundesregierung, um die Folgen der Teilung zu mindern. Alleine zwischen 1980 und 1989 wurden unabhängig von allgemeinen wirtschaftlichen Erleichterungen im Grenzgebiet zu den beiden Nachbarländern DDR und ČSSR knapp zwei Milliarden DM zur Förderung von Einzelprojekten im Zonenrandgebiet bewilligt. Dazu gehörte u. a. die Unterstützung großer kultureller Projekte, wie z. B. der Bayreuther Festspiele, und auch die Unterstützung zahlreicher Kleinstunternehmungen. Neben Westberlin war es vor allem der Freistaat Bayern, der im erheblichen Maße von der Zonenrandförderung profitierte.

Die Straßen vom Landesinneren der DDR in die Sperrzone waren nun mit Schlagbäumen gesperrt und von Posten bewacht. 174 Durchgangsstraßen, drei Autobahnen und Tausende öffentliche und private Wege wurden unpassierbar gemacht. Das umfangreiche Wasserstraßennetz zwischen West und Ost wurde bis auf den Gütertransport auf dem Mittellandkanal als in beide Richtungen für unbenutzbar erklärt. Der noch bestehende zonenübergreifende Schienenverkehr wurde überwiegend durch Spanische Reiter und andere Sperrmaßnahmen vollständig unterbunden. Für den Verkehr zwischen beiden Teilen Deutschlands blieben nur noch sechs Eisenbahnübergänge und fünf Autobahn- bzw. Straßenübergänge bestehen.

Der bis zu 10 Meter breite Kontrollstreifen an der innerdeutschen Grenze, der zur Sichtkontrolle angelegt worden war, wurde regelmäßig geeggt, so dass Spuren von „Grenz-

Straßensperre der Bundesstraße B 84, Blick von Hessen nach Thüringen, im Hintergrund die innerdeutsche Grenze mit Wachturm, um 1960 (Foto: Point Alpha)

verletzern" jederzeit sichtbar waren. Entlang der Demarkationslinie errichteten die Grenzpolizisten einen ca. 1,2 bis 1,5 Meter hohen Stacheldrahtzaun, den „Grenz- oder Wachzaun". Auch ein bis zum Fall der innerdeutschen Grenze bestehendes **Grenzmeldenetz** wurde bereits in den nachfolgenden Jahren installiert. An besonders gefährdeten Abschnitten der Grenze wurden Hinterlandzäune errichtet, die zu diesem Zeitpunkt ebenfalls aus Stacheldraht waren und den 500 Meter Schutzstreifen abriegelten. Von Ost nach West gestaffelt bestanden das Grenzgebiet und die Grenzanlagen nun aus der fünf Kilometer breiten Sperrzone, dem 500 Meter breiten Schutzstreifen, dem bis zu 10 Meter breiten Kontrollstreifen und dem Stacheldrahtzaun. Leicht erkennbar, aber vielen Menschen vorerst nicht richtig bewusst, war die deutliche Staffelung der Sicherungsvorrichtungen im östlichen Hinterland der Grenze und nicht in Richtung des „imperialistischen Klassenfeindes", den „Bonner Ultras" im Westen, wie es die DDR-Propaganda suggerierte. Die Regierung des „Arbeiter-und-Bauernstaates" DDR begann, seine Bevölkerung einzusperren. Teile der DDR-Bevölkerung standen allerdings dieser Entwicklung gleichgültig gegenüber oder

waren auch bereit, sich nicht nur verbal hinter die Maßnahmen der DDR-Führung zu stellen. Ab dem Herbst 1952
sicherten freiwillige **Grenzpolizeihelfer** aktiv im Hinterland die Grenze. 1955 waren bereits über 5000 dieser
freiwilligen Helfer ehrenamtlich an der Grenze zur Bundesrepublik tätig.

Als 1955 die BRD in den Pariser Verträgen die Souveränität
erhielt und der NATO beitrat, reagierte die UdSSR sofort.
Die DDR bekam im „Vertrag über die Beziehungen
zwischen der DDR und der UdSSR" im September 1955
ebenfalls die formale Souveränität zugesprochen und wurde
im Januar 1956 Mitglied der **Warschauer Vertragsstaaten.**
Damit standen sich an der innerdeutschen Grenze seit der
Mitte der 50er Jahre und für die kommenden Jahrzehnte
zwei feindliche Militärbündnisse gegenüber. Die Grenzüberwachung in der DDR war am 1. Dezember 1955 in die
alleinige Verantwortung der Deutschen Grenzpolizei
übergegangen, sowjetische Militärs waren nur noch als
Berater präsent. Ausgenommen blieben allerdings die Kontrollen gegenüber den westalliierten Streitkräften, die ein
Zugangsrecht in die DDR und Ostberlin hatten, das

*Westberliner Warntafel an der Sektorengrenze am Potsdamer
Platz, Oktober 1952 (Foto: Landesarchiv Berlin/Gert Schütz)*

Grenze nach Ost-Berlin, Bezirk Friedrichshain, Grenzschild an der Oberbaumbrücke, Bezirk Kreuzberg (Foto: Landesarchiv Berlin/ Karl-Heinz Schubert)

genauso für das sowjetische Militär in der BRD und West-berlin bestand. 1956 wurde in der „Verordnung zur Erleichterung und Regelung von Maßnahmen an der Grenze zwischen der Deutschen Demokratischen Republik und der Deutschen Bundesrepublik" die Bezeichnung „Demarkationslinie" durch „Grenze" abgelöst. Im Westen hielt man am Begriff der Demarkationslinie bzw. Zonengrenze fest, um den provisorischen Charakter der nicht durch freie, demokratische Wahlen legitimierten DDR zu betonen. Ab dem 11. Dezember 1957 wurde in der DDR die **„Republikflucht"** als Straftat geahndet.

Das „Chruschtschow-Ultimatum" durch die UdSSR, benannt nach dem sowjetischen Regierungschef Nikita Sergejewitsch Chruschtschow (1894–1971), führte zu einer massiven Belastung für die internationale Deutschland- und Berlinpolitik der verfeindeten Machtblöcke. Am 27.11. 1958 hatte die UdSSR die Rechte der Westmächte für Berlin als verwirkt erklärt und für West-Berlin den Status einer „freien, entmilitarisierten Stadt" gefordert, da sie sonst die

Grenze zur DDR, Kreis Zossen, Berlin, Bezirk Zehlendorf/Düppel (S-Bahnhof Düppel), Übergang für Ostzonenbewohner (Foto: Landesarchiv Berlin/Karl-Heinz Schubert)

Rechte der sowjetischen Besatzungsmacht für Berlin an die DDR übertragen würde. Die darauffolgende Außenministerkonferenz in Genf mit den Außenministern der beiden deutschen Staaten als Beobachter und der Protest der Westalliierten zum Jahresende ließen das Ultimatum im Sande verlaufen. Am 15.03.1959 erkannte die Sowjetunion schließlich die bestehenden Berlin-Rechte der drei westalliierten Besatzungsmächte an.

Ende der 1950er Jahre verstärkte die DDR-Führung den Ausbau der innerdeutschen Grenze „freundwärts", so der Jargon der militärischen Führungskräfte. Vor den grenznahen Orten wurden bis zu einem Meter tiefe Gräben ausgehoben, die das Überqueren der Grenze mit Fahrzeugen verhindern sollten. Die ersten bis zu 10 Meter hohen hölzernen Wachtürme entstanden und der erste, einfache Stacheldrahtzaun, der „Grenz- und Wachzaun", wurde nach und nach durch Doppelzäune mit Pfosten aus Beton ersetzt. Erdbeobachtungsstände und später kleine Betonbunker für je zwei Posten wurden errichtet. Mit der Ver-

Grenzposten der DDR-Grenzpolizei auf dem Beobachtungsturm an der innerdeutschen Grenze, 4.05.1959 (Foto: Bundesarchiv Koblenz/ZB-Weiß/Bild: 183-63928-0006)

legung der ersten Stockminen im selben Zeitraum geriet die innerdeutsche Grenze immer mehr zu einer todbringenden Sperranlage. Trotzdem gelang in den 1950er Jahren noch Zehntausenden Menschen die Flucht über die innerdeutsche „grüne Grenze". Wer die DDR sicherer verlassen wollte, dem blieb aber immer noch der gefahrlose Weg über die offene Stadt Berlin in die Westsektoren. Eine S-Bahn- oder U-Bahn-Fahrkarte im Verkehrsnetz von Berlin blieb die Eintrittkarte in die erhoffte Freiheit.

13. AUGUST 1961–1989: BERLINER MAUER UND VERSTÄRKTER AUSBAU DER INNERDEUTSCHEN GRENZE

Im Sommer 1961, reichlich zehn Jahre nach ihrer Gründung, stand die DDR faktisch vor dem wirtschaftlichen Zusammenbruch. Die massive und in vielen Fällen unter Zwang stattfindende „Kollektivierung der Landwirtschaft" in den Landwirtschaftlichen Produktionsgenossenschaften (LPG), die schwierige Entwicklung der Volkseigenen Betriebe (VEB) und die massive Einschränkung des privaten Handwerkes ließen die DDR-Wirtschaft gerade Anfang der 60er Jahre in schwerste Turbulenzen geraten. Diese Zwangsmaßnahmen, damit verbunden waren wiederum stark zunehmende Versorgungsengpässe für die Bevölkerung, politische Pressionen, eine Ideologisierung in nahezu allen Bereichen der Gesellschaft und natürlich auch die Verlockungen des westdeutschen **Wirtschaftswunders**, ließen die Flüchtlingszahlen gen Westen besonders 1961 massiv in die Höhe schnellen. Viele Menschen vertrauten nicht mehr der seit Jahren anhaltenden Propaganda der Partei- und Staatführung in der DDR, die den Sozialismus als das erfolgreichere System darzustellen versuchte.

Von Januar bis einschließlich August 1961 verließen 180 737 Einwohner die DDR über das „Schlupfloch" Berlin. Auch zahlreiche Menschen aus den sozialistischen Nachbarländern Polen und Tschechoslowakei nutzten Berlin für eine Flucht nach dem Westen. Zudem arbeiteten über 50 000 Ostdeutsche und Ostberliner in Westberlin, die sogenannten **Grenzgänger**. Demgegenüber waren etwa 12 000 Bürger aus Westberlin im Osten tätig. 1961 wurde der Druck gegenüber den Ostdeutschen, die in Westberlin arbeiteten, erheblich verschärft. Im Sommer 1961 kam es seitens der DDR-Behörden zu massiven Kontrollen der Grenzgänger, dem

„Grenzgänger", Propagandaplakat der DDR (Entwurf: Leo Haas), 3.08.1961 (Foto: Bundesarchiv Koblenz, Bild 183-85187-0001)

Einzug ihrer Pässe und der Erteilung von Meldeauflagen. Die Westalliierten protestierten gegenüber dieser Einschränkung am 3. August. Im Westen begann sich nun die Annahme zu verdichten, dass die DDR-Führung eine endgültige Lösung ihrer Probleme mit Flüchtlingen und Grenzgängern vorbereite. Nur wusste niemand auf der westlichen Seite, in welcher Form und wann dies geschehen sollte. Legendär wurde in diesem Zusammenhang die Antwort des Staatsratsvorsitzenden der DDR und 1. Sekretärs der SED, Walter Ulbricht (1893–1973), der auf die Anfrage einer westdeutschen Korrespondentin am 15. Juni 1961 antwortete: „Niemand hat die Absicht, eine Mauer zu errichten."

Zwischen dem 3. und 5. August 1961 tagten die Vorsitzenden der kommunistischen Parteien der Warschauer Vertragsstaaten in Moskau. Die Parteiführung der SED in der DDR wurde wegen des langsamen Wirtschaftswachstums und den zu hohen Ausgaben im Konsumbereich kritisiert. Walter Ulbricht wies in diesem Zusammenhang als Hauptursache auf die offene Grenze zu den Westsektoren von Berlin hin. Dieser Argumentation nahmen sich schließlich die Kommunistische Partei der Sowjetunion (KPdSU) wie auch die anderen auf der Konferenz vertretenen kommunistischen Parteien an. Ulbricht erhielt die Zustimmung für eine Abriegelung der Grenze zu Westberlin. Damit war die Grundlage für alle nachfolgenden Entscheidungen der SED-Führung und der Regierung der DDR gelegt. Umgehend wurde die Planung für die endgültige Schließung der Grenze in Berlin und damit zum Erhalt der DDR durchgeführt. Um die Maßnahmen geheimzuhalten, wurden nur wenige Personen an den Schaltstellen der Macht eingeweiht. Von der Volkskammer der DDR und dem Ministerrat wurden nun formal die Vorgaben der SED-Führung umgesetzt, das „Westberlin-Problem" zu lösen. Reisen von Bürgern der DDR nach Westberlin sollten fortan der Zustimmung durch die Volkspolizei unterliegen und das Innenministerium der DDR wurde mit der Erarbeitung einer neuen Grenzordnung beauftragt. Volkskammer und Ministerrat erließen entsprechende Verordnungen. Nach einer Sitzung des Politbüros der SED am 11. August und der damit verbundenen letzten Billigung der von der SED angeschobenen Maßnahmen trat auch die Führungsspitze des Ministeriums für Staatssicherheit, als „Feierstunde" getarnt, zusammen. Erich Mielke (1903–2000), seit 1957 an der Spitze dieses Ministeriums, teilte den über 50 ranghohen Offizieren des MfS mit, dass nun ein völlig neuer Abschnitt in der Arbeit beginnen würde, der „die Mobilisierung jedes einzelnen Mitarbeiters" erfordere. „In der jetzigen Periode wird sich erweisen, ob wir alles wissen und ob wir überall verankert sind. ... Kein Feind darf aktiv werden, keine Zusammenballung darf zugelassen werden! ... Wer mit feindlichen Losungen auftritt, ist festzunehmen. ... Feinde sind streng und in jetziger Zeit schärfer anzupacken." Als Feinde galten natürlich selbstverständlich nicht die im Westen befindlichen „Klassenfeinde", sondern die Bewohner der DDR, die im Wider-

Flüchtlingsstrom vor dem Bundesnotaufnahmelager Marienfelde, Berlin, Bezirk Tempelhof/Marienfelde, April 1960 (Foto: Landesarchiv Berlin/ Horst Siegmann)

spruch zum Staat standen oder es vorzogen, diesen Staat zu verlassen. Das MfS wurde damit für die innenpolitische Absicherung der geplanten Grenzschließung verantwortlich, die unter den Decknamen „Rose" und „Ring" ablief. Am 12. August legte die SED-Führung ihre Pläne zur Abriegelung der Berliner Grenze dem Oberbefehlshaber der Gruppe der sowjetischen Streitkräfte in Deutschland vor. Am Nachmittag unterzeichnete Ulbricht die Einsatzbefehle für die Grenzabriegelung. Zum Leiter des Haupteinsatzstabes war bereits zuvor Erich Honecker (1912–1994) be-

stimmt worden, der den Einsatz der Grenz- und Volkspolizei sowie der **Kampfgruppen der Arbeiterklasse** vorbereitet hatte. Honecker, von 1971 bis 1989 Parteichef der SED und Staatschef der DDR, löste um 22.30 Uhr mit verschlüsselten Befehlen den Einsatz der Grenzpolizei aus. Um Mitternacht zum Sonntag, dem 13. August, erloschen die Lichter an der Sektorengrenze zwischen Ost- und Westberlin. Posten riegelten die Grenze ab, der Schienennahverkehr nach Westberlin wurde vollständig unterbrochen. Die Straßenübergangsstellen von Ost nach West wurden von über 80 auf vorerst dreizehn vermindert. Das Passieren der Sektorengrenze verhinderte die Deutsche Grenzpolizei, die unmittelbar an der Grenze mit der Bereitschaftspolizei der Volkspolizei die erste Sicherungsstaffel bildete. Am

Brandenburger Tor und in einigen anderen Grenzabschnitten wurden auch bewaffnete Angehörige der
Kampfgruppen symbolträchtig zur Grenzsicherung eingesetzt. Die zweite Sicherungsstaffel durch Berlin und um
Westberlin waren motorisierte Schützen- und Panzertruppen
sowie Aufklärungs- und Pioniereinheiten der Nationalen
Volksarmee (NVA). Die dritte Sicherungsstaffel, die
sowjetischen Besatzungstruppen, waren in Alarmbereitschaft
versetzt und blieben in den Kasernen.

*„Die Regierungen der Warschauer Vertragsstaaten wenden
sich an die Volkskammer und an die Regierung der DDR mit
dem Vorschlag, an der Westberliner Grenze eine solche Ordnung einzuführen, durch die der Wühltätigkeit gegen die
Länder des sozialistischen Lagers zuverlässig der Weg verlegt*

Abriegelung des Sowjetsektors am 13.08.1961. Sektorengrenze am Brandenburger Tor, Berlin, Bezirk Tiergarten, (Foto: ullstein bild – Georgi)

und rings um das ganze Gebiet Westberlins eine verlässliche Bewachung gewährleistet wird."

Sondermeldung im „Berliner Rundfunk" der DDR am 13. August 1961 um 01.11 Uhr während der Sendung „Melodien zur Nacht".

Berlin, Mauerbau am 13.08.1961, Oberbaumbrücke, Berlin, Bezirk Friedrichshain (Foto: Bundesarchiv Koblenz, Bild: 183-85426-0002)

Berlin, Mauerbau am 13.08.1961, Kampfgruppen am Brandenburger Tor (Foto: Bundesarchiv Koblenz, Bild: 183-85458-0002)

Die am Berliner Außenring stationierte 5. Brigade der Grenzpolizei erhielt die Aufgabe, nach der Schließung der Grenze umgehend die Straßen aufzureißen und eine Sperre aus Stacheldraht binnen einer Woche zu errichten. Die Kontrollen im sogenannten Hinterland von Westberlin wurden verstärkt, um eine Flucht aus der DDR oder Protestaktionen zu verhindern. Bis zum Jahresende 1961 flüchteten dennoch weitere 8500 Menschen durch die Sperranlagen der innerdeutschen Grenze und von Berlin, mehr als 3400 DDR-Bürger wurden wegen versuchter oder geplanter „Republikflucht" festgenommen. Bereits ab dem 15. August wurden die ersten Mauerteile an der Berliner Grenze gebaut. An der Ausführung dieser Bauarbeiten waren auch zivile Bauarbeiter unter strenger Bewachung von Grenzpolizei und Kampfgruppen beteiligt. Die ersten Teile der Ummauerung von Westberlin bestanden vorerst aus Blocksteinen und einfachen Ziegeln, sie war etwa mannshoch und hatte eine ursprüngliche Stärke von etwa 30 cm. Auf der Mauer befindlicher Stacheldraht sollte das

Überklettern verhindern. Nach und nach entstand eines der symbolträchtigsten Bauwerke der deutschen Geschichte, die Berliner Mauer. Begleitend zur Abschottung Westberlins erfolgten im Grenzbereich einschneidende Maßnahmen. Fenster und Türen grenznaher Gebäude, wie in der **Bernauer Straße**, wurden zugemauert oder vergittert, ebenso wie Bahnhofszugänge, Kanalisationen und sonstige Fluchtmöglichkeiten für DDR-Bürger.

„Auf Grund des Beschlusses der Regierung der Deutschen Demokratischen Republik vom 12. August 1961 erläßt der Minister des Innern mit sofortiger Wirkung folgende Anweisung: 1. Im Straßenverkehr für Kraftfahrzeuge und andere Fahrzeuge sowie Fußgänger zwischen Westberlin und dem demokratischen Berlin bleiben folgende Übergänge geöffnet:

Berlin, Mauerbau, Mütter mit ihren Kindern am Stacheldraht nach den ersten Straßensperrungen, August 1961 (Foto: ullstein bild – Hilde)

Berlin, Mauerbau am 13.08.1961, Absperrung und Errichtung von Stacheldraht am Potsdamer Platz (Foto: ullstein bild - Alex Waidmann)

Kopenhagener Straße, Wollankstraße, Bornholmer Straße, Brunnenstraße, Chausseestraße, Brandenburger Tor, Friedrichstraße, Heinrich-Heine-Straße, Oberbaumbrücke, Puschkinallee, Elsenstraße, Sonnenallee, Rudower Straße.
2. Bürger der Deutschen Demokratischen Republik einschließlich der Bürger der Hauptstadt der Deutschen Demokratischen Republik (des demokratischen Berlin)

benötigen für den Besuch von Westberlin eine Genehmigung ihres zuständigen Volkspolizeikreisamtes bzw. ihrer zuständigen Volkspolizei-Inspektion. Über die Ausgabe solcher Genehmigungen erfolgt eine besondere Bekanntmachung.

3. Friedliche Bürger von Westberlin können unter Vorlage ihres Westberliner Personalausweises die Übergangsstellen zum demokratischen Berlin passieren.

4. Einwohner Westdeutschlands erhalten an den vier Ausgabestellen Wollankstraße, Brandenburger Tor, Elsenstraße, Bahnhof Friedrichstraße unter Vorlage ihrer Personaldokumente (Personalausweis oder Reisepaß) wie bisher Tages-Aufenthaltsgenehmigungen für den Besuch der Hauptstadt der Deutschen Demokratischen Republik (des demokratischen Berlin).

5. Für ausländische Staatsangehörige gelten die bisherigen Bestimmungen. Für Angehörige des Diplomatischen Corps und der westlichen Besatzungskräfte bleibt es bei der bisher bestehenden Ordnung.

6. Bürger der Deutschen Demokratischen Republik, die nicht in Berlin arbeiten, werden gebeten, bis auf weiteres von Reisen nach Berlin Abstand zu nehmen.

Berlin, 12. August 1961 Maron, Minister des Innern."

Besuch von Walter Ulbricht, 1. Sekretär der SED und Vorsitzender des Staatsrates der DDR an der Berliner Mauer, 15.08.1961 (Foto: Bundesarchiv Koblenz, Bild 183-85476-0001)

Junge vor einer Absperrung mit einer Ausgabe des Extrablattes der „Berliner Morgenpost" mit der Schlagzeile: „Ost-Berlin ist abgeriegelt" (Foto: ullstein bild – Georgi)

Die Bevölkerung in Berlin und in den beiden deutschen Staaten reagierte fassungslos. Noch in der Nacht zum 13. August versuchten zahlreiche Menschen aus dem Osten der Stadt an noch nicht gesicherten Grenzabschnitten zu fliehen, so z. B. über die bis dahin noch wenig gesicherten Wasserwege. Bereits am Tage der endgültigen Grenzschließung kam es auf beiden Seiten der Grenze zu verschiedenen Protestaktionen. Die größte Protestaktion mit über 3000 Jugendlichen fand am Abend des 13. August auf Westberliner Seite vor dem Brandenburger Tor statt und wurde von der Westberliner Polizei aufgelöst. Der Senat von Westberlin hatte zuvor in einer Protestnote die Erwartung ge-

Berlin, Mauerbau, der Fahrdamm der Friedrich-Ebert-Straße wird für die Errichtung der Mauer aufgerissen, August 1961 (Foto: ullstein bild – von der Becke)

Eine 77-jährige Frau flüchtet aus ihrem Fenster in den Westteil der Stadt. SED-Ordner versuchen, sie wieder in das Fenster hineinzuziehen, Bernauer Straße, September 1961 (Foto: ullstein bild – dpa)

äußert, „dass die Westmächte energische Schritte bei der sowjetischen Regierung unternehmen werden." Die westalliierten Stadtkommandanten befahlen allerdings dem regierenden Bürgermeister Willy Brandt (1913–1992), die Grenze vor Übergriffen aus Westberlin zu schützen. Den

Flucht aus dem Ostsektor durch das Fenster. Der Bürgersteig vor dem Haus gehört zum Westsektor. Bernauer Straße, Berlin, Bezirk Mitte/ Bezirk Wedding, 17.08.1961 (Foto: Landesarchiv Berlin/ Horst Siegmann)

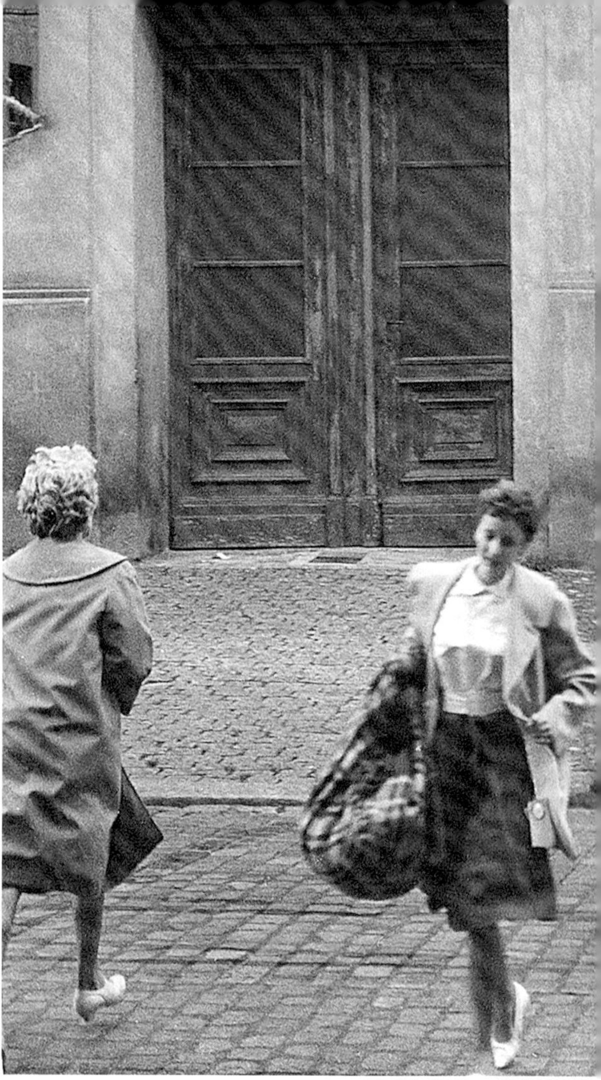

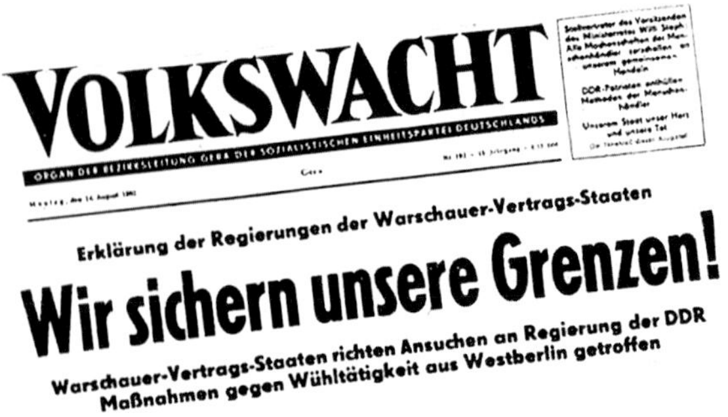

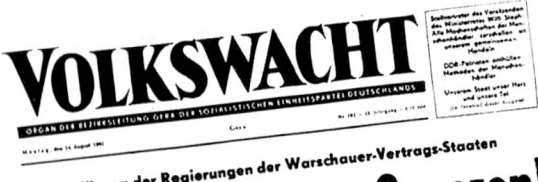

VOLKSWACHT

ORGAN DER BEZIRKSLEITUNG GERA DER SOZIALISTISCHEN EINHEITSPARTEI DEUTSCHLANDS

DDR-Patrioten enthüllen Methoden der Menschenhändler

Unserem Staat unser Herz und unsere Tat

Erklärung der Regierungen der Warschauer-Vertrags-Staaten

Wir sichern unsere Grenzen!

Warschauer-Vertrags-Staaten richten Ansuchen an Regierung der DDR

Maßnahmen gegen Wühltätigkeit aus Westberlin getroffen

Vorgegebener Leitartikel für alle Zeitungen der DDR am 14. August 1961, hier für die „Volkswacht“ im Bezirk Gera (Repro: Stadtarchiv Gera)

westlichen Alliierten war an einer Eskalation in der „Berlin-
Frage" nicht gelegen, da die Gefahr eines Krieges zwischen
den Großmächten und ihren jeweiligen Militärbündnissen
bestanden hätte. Die Führung der SED, über die Reaktion
der Westmächte im Unklaren, stationierte für den Fall eines
militärischen Gegenschlages der Alliierten fünf motorisierte
Schützenregimenter im Umland von Berlin. John F. Kennedy (1917–1963), Präsident der USA, hatte allerdings bereits einen Tag nach der hermetischen Abriegelung der
Grenze in Berlin verlauten lassen: „Eine Mauer ist verdammt

oben: Bernauer Straße, Berlin, Vermauerung der Fenster
(Foto: ullstein bild – Gadewoltz)
rechts: Westberliner winken an der Bernauer Straße in
den Ostteil der Stadt, 8.09.1961 (Foto: ullstein bild –
UPI)
Gespräch an der Grenzmauer in der Harzer Straße,
Berlin, Bezirk Neukölln, Grenze nach Ostberlin,
23.8.1961 (Foto: Landesarchiv Berlin/Horst Siegmann)

noch mal besser als ein Krieg." Am 19. August schickte er seinen Vizepräsidenten, den späteren Präsidenten der USA Lyndon B. Johnson (1908–1973), nach West-Berlin, der damit die Entschlossenheit der USA, an der Seite West-Berlins zu stehen, bekräftigte. Kennedy selbst besuchte am 26. Juni 1963 den Westteil der Stadt. Am dem vor allem durch die Alliierten genutzten Grenzübergang **Checkpoint Charlie** in der Friedrichstraße und am von der DDR-Seite zugehängten Brandenburger Tor besichtigte er die Berliner Mauer, um dann vor über 300 000 Menschen vor dem Schöneberger Rathaus eine Rede zu halten. Sein emotional in deutscher Sprache vorgetragener Ausspruch „Ich bin ein Berliner!" gehört heute noch immer zu den häufig verwendeten Zitaten aus der deutschen Geschichte. Jeweils geführt durch die verantwortlichen Politiker beider Seiten, wurden vor allem am Brandenburger Tor in Ost und West hochrangigen politischen Gästen die Grenzanlagen der DDR präsentiert. Was Staatsgästen beider Seiten möglich war, blieb den „einfachen" Bürgern nur auf westlicher Seite vergönnt. Zahlreiche Beobachtungsplattformen entstanden an der Berliner Mauer und an der innerdeutschen Grenze. „Mauer angucken" wurde bald eine beliebte touristische Attraktion vor allem für die Besucher von Westberlin.

Die Zurückhaltung seitens der westlichen Alliierten werteten SED- und DDR-Führung als politischen Erfolg. Die **Maßnahmen zur Sicherung der Staatsgrenze** der DDR hätten den Frieden in Europa gerettet, dem „Imperialismus der BRD" die schwerste Niederlage seit Gründung der DDR beigefügt, das Kräfteverhältnis zugunsten des Sozialismus verändert und damit die historische Überlegenheit des Sozialismus bewiesen, so die östliche Propaganda. Eine Überlegenheit, die sich nunmehr im Wegsperren der eigenen Bürger manifestiert hatte. Bereits elf Tage nach der Abriegelung der Berliner Grenze, am 24. August, starb der erste Flüchtling im Kugelhagel der DDR-Grenzpolizisten. Alleine an der Berliner Mauer sollten bis 1989 133 Menschen (Stand: 2007) bei einem Fluchtversuch ihr Leben lassen. Wie bereits 1952 erfolgte wiederum eine Zwangsaussiedlung aus

John F. Kennedy, Berlin-Besuch des Präsidenten der USA, Stadtrund-
fahrt, Besichtigung der Sperrmauer an der Sektorengrenze Friedrich-
straße, Berlin, Bezirk Kreuzberg, 26.06.1963 (Foto: Landesarchiv
Berlin)

dem Grenzgebiet der DDR und in Berlin. Über 3000
Menschen mussten bis zum 3. Oktober 1961 ihre Wohnung
aufgeben. Gleichzeitig erfolgte der Abriss von Gebäuden
und Gebäudcteilen im Grenzgebiet der DDR, die dem
nunmehr verschärften Grenzsystem im Wege standen. Auch
an der innerdeutschen Grenze wurden in den folgenden
Jahren weitere Gebäude und zum Teil auch komplette
Dörfer im Zuge des weiteren Grenzausbaus abgerissen.
Die Schließung der Grenze in Berlin traf eine pulsierende
Großstadt, die sich in unterschiedlichem Maße gerade von
den Folgen des 2. Weltkrieges erholt hatte. Hunderttausende Menschen passierten täglich die Sektorengrenzen in
beide Richtungen, um Verwandte, Freunde und Bekannte
zu treffen oder um einzukaufen, Kinos, Konzerte, Museen
und Theater zu besuchen oder um einfach zum Friseur zu
gehen. Nun war alles getrennt: Familien, die manchmal nur
auf der anderen Straßenseite wohnten, Freundschaften, Ar-
beitskollegen und Verliebte. Am 23. August 1961 wurden
schließlich auch für die Westberliner die Grenzübergänge

nach Ostberlin geschlossen, obwohl wenige Tage zuvor durch den DDR-Innenminister ein freier Zugang nach Ostberlin zugesichert worden war. Damit waren die letzten Kontaktmöglichkeiten zwischen Ost und West gekappt, die sich nunmehr auf Signale über die Grenzlinie und auf den Briefverkehr beschränken mussten, nachdem zeitweilig auch die Telefonkontakte unterbunden waren. Eltern durften nicht zu ihren Kindern oder Enkel nicht zu ihren Großeltern. Auch für Familienfeiern und sogar die Beerdigungen von Müttern, Vätern oder Geschwistern wurden keine Einreise- bzw. Ausreisegenehmigungen seitens der DDR erteilt. Erst mit den Passierscheinabkommen durften Westberliner zwei Jahre nach der Grenzschließung für einen eingeschränkten Zeitraum in den Ostteil der Stadt einreisen. Dem überwiegenden Teil der DDR-Bevölkerung sollte es bis in die späten 1980er Jahre nicht mehr vergönnt sein, in den anderen Teil Deutschlands bzw. nach Westberlin reisen zu dürfen.

In einer in der DDR bis zu diesem Zeitpunkt beispiellosen Aktion wurden nach der Grenzschließung am 13. August eine Flut von Meinungen „aus dem Volk" veröffentlicht, die sich positiv zur „Sicherung der Staatsgrenze" äußerten oder angehalten wurden, sich zu äußern. Vor allem in den

DDR-Propaganda: Eine „Hausgemeinschaft" in Bitterfeld befestigt eine Propagandatafel am Wohnhaus. 29. August 1961 (Foto: Bundesarchiv Koblenz, Bild: 183-85869-0001)

Errichtung der Berliner Mauer, Herbst 1961 (Foto: Landesarchiv Berlin)

Bezirkszeitungen der SED und den Lokalblättern der Block-
parteien rollte eine riesige Propagandawelle an. Schuld an
der Schließung der Grenze hätten die „westdeutschen
Kriegstreiber“, „Menschenhändler“ und „Bonner Ultras“
mit ihrem Einfluss auf fehlgeleitete Bürger der DDR.

West-Berlin, Bernauer
Straße Ende 1962 mit
vermauerten Fenstern,
links die Sperrmauer
(Foto: Günter Zint)

„Gleiches Maß?

Warum dürfen denn die Westberliner zu uns, und warum
dürfen wir nicht nach Westberlin? Das habe ich gestern öfters
gehört, fragte Kollege Röhricht in der Belegschaftsversamm-
lung der Zentrale der Bau-Union Gera. – Zu uns kann jeder
ehrliche Mensch kommen. Bei uns gibt es keinen Menschen-
handel, keine Wechselstuben, keine Spionageorganisationen,
keine Horrorkinos, Spielhöllen, Kriegshetze usw. Zu uns kann
man also getrost kommen, aber in den braunen Frontstadt-

sumpf Westberlin kann man nicht gehen. In Westberlin läuft man Gefahr, ins Unglück zu rennen. Wir können also nicht mit gleichem Maß messen, weil es sich um zwei grundverschiedene Systeme handelt."

Zeitung „Volkswacht", Organ der Bezirksleitung Gera der SED, 15. August 1961

Der Propagandafeldzug seitens der SED-Führung wurde besonders in den Grenzgebieten von Berlin und an der innerdeutschen Grenze durchgeführt, um die Bevölkerung auf die massive Abschottung des „Arbeiter- und Bauernstaates" einzustellen. In Betrieben und in Wohngebieten wurden viele Menschen genötigt, sogenannte „Solidaritätsbekundungen" für die „Maßnahmen" der DDR-Führung zu verfassen. Die massiven Kritiken von großen Teilen der DDR-Bevölkerung an der Grenzschließung wurden in den gleichgeschalteten DDR-Medien nicht veröffentlicht, aber penibel durch MfS, Volkspolizei und SED-Führung registriert und ausgewertet. Der Anstieg von Gerichtsverfahren und andere Zwangsmaßnahmen gegen die Bürger, die mit der Politik ihres Landes nicht einverstanden waren, spiegelte sich in der Statistik der Gerichtsverfahren wider. Waren im ersten Halbjahr 4 442 politische Urteile in der DDR gefällt worden, stieg die Zahl im zweiten Halbjahr 1961 auf 18 297 aus „politischen Gründen" verhängter Gerichtsurteile.

Mit der Grenzschließung und dem beginnenden Mauerbau um Westberlin schien die „Berlinproblematik" für die DDR, die UdSSR, aber auch für die Westmächte einigermaßen

Zwangsräumung der Laubenkolonien an der Klemkestraße im Osten, Sektorengrenze Berlin Reinickendorf-Schönholz 26.09.1961 (Foto: Landesarchiv Berlin/Horst Siegmann)

US-Panzer am Sektorenübergang „Checkpoint Charlie" Friedrich-straße, Berlin Bezirk Kreuzberg, 27.10. 1961 (Foto: Landesarchiv Berlin/Horst Siegmann)

gelöst, wenn auch auf Kosten der Bevölkerung in beiden Teilen Deutschlands und Berlins.

Ein Konflikt am Checkpoint Charlie im Herzen Berlins ließ im Oktober 1961 allerdings erahnen, wie sensibel die Lage zwischen den beiden Großmächten war. Am Abend des 22. Oktober wurde ein Angehöriger der US-Mission in Westberlin mit seiner Frau beim Grenzübertritt nach Ostberlin von einem DDR-Grenzpolizisten genötigt, sich auszuweisen. Der Amerikaner weigerte sich, da die Kontrolle einen Eingriff in alliierte Rechte bedeutet hätte. Später setzte er, begleitet durch eine bewaffnete Eskorte, den un-kontrollierten Grenzübertritt durch, wie in den kommenden Tagen auch andere Amerikaner. Nachdem britische Diplomaten am 25. Oktober widerspruchslos den DDR-Grenzpolizisten ihre Papiere vorgewiesen hatten, verfügte am selben Tag General Clay seitens der USA einen Panzer-aufmarsch auf dem Westteil der Friedrichstraße. Am darauf folgenden Tag fuhren auf der Ostberliner Seite der Friedrichstraße sowjetische Panzer auf. Erstmalig seit Be-

Sowjetische Panzer an der Sektorengrenze Friedrichstraße, Berlin, Bezirk Mitte, 28.10.1961 (Foto: Landesarchiv Berlin/Karl-Heinz Schubert)

ginn des „Kalten Krieges" standen sich die Panzer der beiden Großmächte und ehemaligen Kriegsverbündeten in einer Entfernung von etwa 200 Metern gegenüber. Am 28. Oktober zogen sich die beiden Panzergruppen zurück. Die Drohgebärde hatte ein schnelles Ende gefunden. Eine Eskalation des Konfliktes lag nicht im Interesse der beiden Supermächte. Vertreter der Westalliierten erhielten auch weiterhin unkontrolliert Zugang in den Ostteil von Berlin. Ab dem 19. August 1961 begann über die entstehende Berliner Mauer hinweg ein Propagandakrieg der besonderen Art. Durch eine Initiative des Westberliner Innensenators und durch den Westberliner Senat finanziert, nahm das „Studio am Stacheldraht" (SAS) sein Programm auf. Über riesige Lautsprecher, die später auch an schwenkbaren Kränen befestigt wurden, sollten besonders die Grenzpolizisten des Ostens vor allem mit der Losung „Deutsche schießt nicht auf Deutsche" in ihren Handlungen

beeinflusst werden. Auch aktuelle Nachrichten, die zumeist Aktionen an der Grenze betrafen, wurden zum Ärger der SED- und Staatsführung der DDR mit einer großen Reichweite in das Ostberliner Gebiet hincin verbreitet. Im Gegenzug wurden Armeelautsprecher der Nationalen Volksarmee (NVA) aufgestellt, die wiederum das Westberliner Gebiet beschallten. Erst 1965 endete dieser „Krieg der Lautsprecher" in Berlin. Neben die akustische Beeinflussung der jeweils anderen Seite traten auch bald Schrifttafeln. So wurden auf dem Springer-Hochhaus am Potsdamer Platz mitten in Berlin und unfern der Grenze auf riesigen, modernen Leuchttafeln politische Nachrichten für die Ostberliner und ihre Gäste gezeigt. Häufig auf Privatinitiative, so unter anderem durch die neugegründete „Arbeitsgemeinschaft 13. August", kam auf Westberliner Seite vor allem die Aufforderung an die Grenzsoldaten, nicht die Waffe einzusetzen. Seitens der DDR-Propaganda ging man handfester zur Sache. „Wer uns angreift, wird vernichtet,“ so lautete eine der martialischen Losungen auf den Spruchtafeln der DDR.

Bereits 14 Tage nach der nahezu hermetischen Abschottung der Grenze begann die bis dato größte Aktion der SED- und Staatsführung in der DDR, um Freiwillige für den Dienst in der Nationalen Volksarmee zu werben. Vorgeschoben wurde für dieses aufwendig inszenierte Unternehmen die Freie Deutsche Jugend (FDJ), die mit der SED gleichgeschaltete staatliche Jugendorganisation in der DDR. Der als „Kampfauftrag der FDJ“ mit der propagandistisch-pathetischen Losung „Das Vaterland ruft – schützt die sozialistische Republik“ im Stil einer Mobilmachung für den Krieg geführte Aktion in Schulen, Universitäten, Betrieben und anderen Einrichtungen wurde in den DDR-Medien massiv als „nationales Ereignis“ hochgejubelt. Nach DDR-Angaben meldeten sich über 170 000 junge Männer für den Dienst mit der Waffe. Die Nationale Volksarmee wie auch die Deutsche Grenzpolizei waren zu diesem Zeitpunkt durch Freiwillige rekrutiert, registrierten aber zunehmend zurückgehende Freiwilligenzahlen. Mit der Werbeaktion, die ähnlich bereits nach den Ereignissen des **17. Juni 1953** und mit entsprechendem staatlichen Druck in den ersten Jahren der Existenz der DDR stattgefunden hatte, versuchte die Führung der DDR, ihre inzwischen eingesperrte „werktätige Bevölkerung“ psychologisch auf die Einführung der allgemeinen Wehrpflicht in der DDR und damit auch auf die Eingliederung der Grenzpolizei in die Nationale Volksarmee vorzubereiten. Die allgemeine Wehrpflicht wurde in der DDR schließlich durch das Gesetz vom 24.01.1962 eingeführt.

Die Schließung der Berliner Sektorengrenze führte zu einem verstärkten Flüchtlingsdruck auf die seit 1952 streng überwachte, aber noch nicht technisch perfektionierte innerdeutsche Grenze. Bereits am 14. September 1961 empfahl deshalb der Oberkommandierende der sowjetischen Streitkräfte in Deutschland der DDR-Regierung, die „Staatsgrenze West“ verstärkt pioniertechnisch auszubauen. Im Zu-

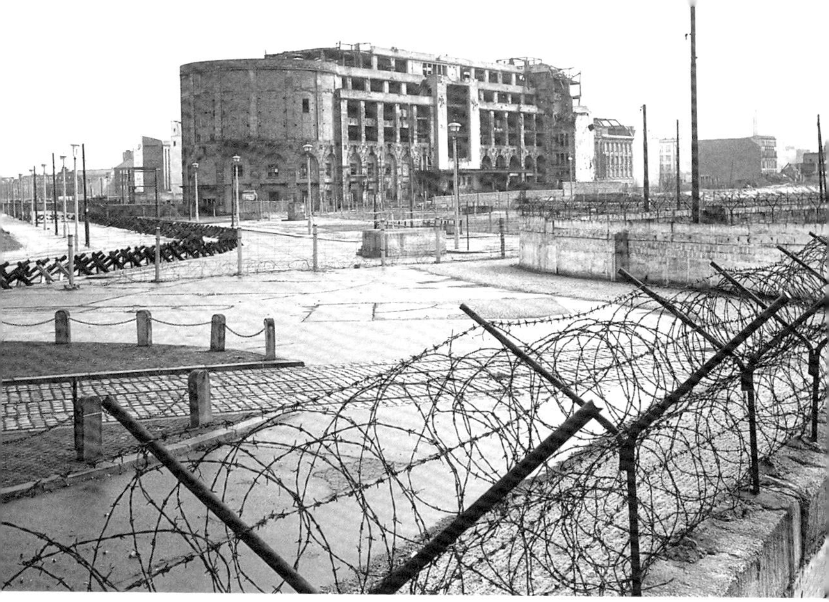

Grenze nach West-Berlin, Potsdamer Platz. Im Hintergrund: Ruine des Hauses Vaterland, Berlin, Bezirk Mitte von West-Berlin aus gesehen (Foto: Landesarchiv Berlin)

sammenhang mit der endgültigen Grenzschließung erfolgte am 15. September 1961 die Angliederung der Deutschen Grenzpolizei als Kommando Grenze an die Nationale

Lautsprecherwagen des Westberliner Senats an der Grenzmauer in der Stresemannstraße/Dessauer Straße, Berlin, Bezirk Kreuzberg, 28.7.1962 (Foto: Landesarchiv Berlin)

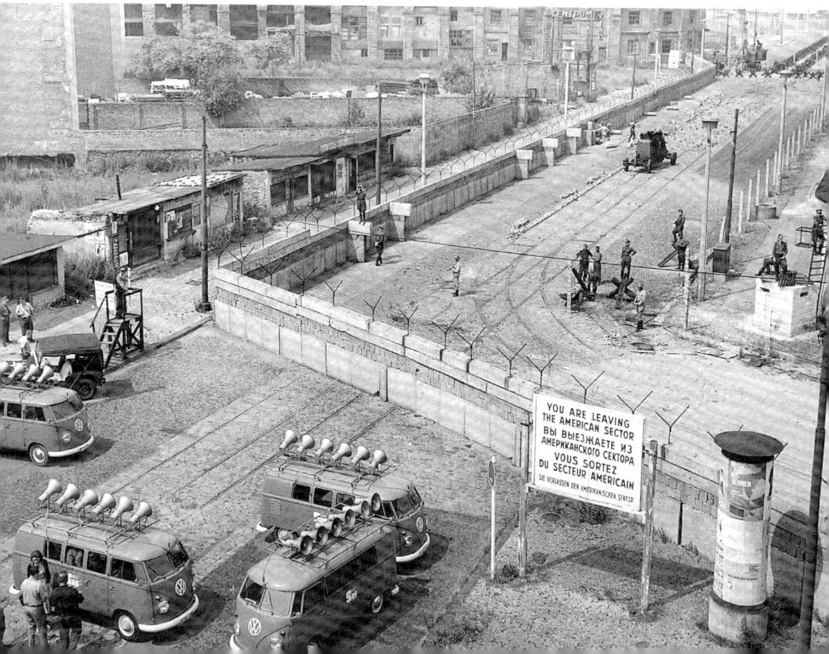

Volksarmee (NVA) und damit die Unterstellung unter das Ministerium für Verteidigung der DDR. Ab November 1961 sicherte die Grenzbrigade Küste selbstständig die Seegrenze der DDR. Im August 1962 wurden mit der Bildung der Stadtkommandantur der Hauptstadt der DDR auch die Berliner Formationen der Grenztruppen dem Verteidigungsminister unterstellt. Damit unterstanden schließlich alle für den Grenzschutz bestimmten Truppenteile einem Ministerium. Neue Waffen, eine Verbesserung der Ausbildung auf spezialisierte Verbände, der konsequente Ausbau der Grenzanlagen und schließlich der Übergang vom Freiwilligenprinzip zur Personenauswahl besonders überprüfter Wehrpflichtiger ermöglichten es, einen hohen Grad von Perfektion an der „Staatsgrenze West" durchzusetzen. In einer Sitzung des Nationalen Verteidigungsrates der DDR, dessen Sekretär zu diesem Zeitpunkt Erich Honecker

Grenze nach Ost-Berlin, Bezirk Mitte. Zimmerstraße, Ecke Lindenstraße. Links: Die viersprachige Tafel weist auf den Beginn des amerikanischen Sektors hin. Rechts: Sperrmauer, Berlin, Bezirk Kreuzberg, 5.1. 1965 (Foto: Landesarchiv Berlin/Ludwig Ehlers)

Ein Postenpaar der DDR-Grenztruppen auf Grenzstreife, im Hintergrund die Burg Hanstein im Eichsfeld. Die bedeutende Burganlage lag im Grenzgebiet des Dreiländerecks Niedersachsen, Hessen und Thüringen (Bez. Erfurt). Ein Turm der Burg wurde als Beobachtungsturm der DDR-Grenztruppen genutzt. Februar 1965 (Foto: Bundesarchiv Koblenz/ZB-Kohls)

war, wurde im November 1961 der Beschluss gefasst, die Staatsgrenze pioniertechnisch bis zum November 1962 massiv auszubauen, um damit die Zahl der „Republikflüchtlinge" stark zu reduzieren. Den Verantwortlichen der DDR war bereits klar, dass sie über eine Länge von knapp 1400 Kilometern keine Mauer wie in Berlin bauen konnten. Im Januar 1963 meldete Armeegeneral Karl Heinz Hoffmann (1910–1985), Minister für Nationale Verteidigung der DDR, den Vollzug der meisten geplanten Vorhaben. Zu diesem Zeitpunkt waren bereits 885 Kilometer kombinierte, doppelreihige Stacheldrahtzäune fertiggestellt. Auf 447 Kilometern Länge wurden verschiedene Typen von Minen verlegt. Bis zum Jahre 1983 sollen schließlich über eine Million Bodenminen verlegt worden sein, die zahlreiche Menschen töteten oder verstümmelten. 490 Kilometer zusätzliche Straßensperren und 96 hölzerne Beobachtungstürme entstanden, und auf 425 Kilometern Länge schlugen die Grenztruppen eine bis zu 200 Meter breite Schneise in den Wald, um ein freies Sicht- und Schussfeld zu haben. In der Folgezeit wurden die Sperranlagen stetig ausgebaut und verbessert.

Bereits am 20. September 1961 hatte Erich Honecker gefordert „gegen Verräter und Grenzverletzer Maßnahmen zu treffen, dass Verbrecher in der 100-Meter-Sperrzone gestellt werden können." Darauf folgend erließ der Verteidigungsminister der DDR im Oktober den Befehl Nr. 76/61, der die „Bestimmungen über Schusswaffengebrauch für das Kommando Grenze der Nationalen Volksarmee" enthielt. Die bereits bestehenden Bestimmungen über den Schusswaffengebrauch, die für den Standort- und Wachdienst als Dienstvorschrift der Nationalen Volksarmee (DV-10/4) vorlagen, wurden in verschiedenen Punkten überarbeitet und erweitert. Die „Geheime Verschlusssache" der Regierung der DDR bildete damit die Grundlage für den Tatbestand eines **Schießbefehls**, der vor allem am unteren Ende der Befehlsstruktur von jungen Wehrpflichtigen oft unter großer Gewissensnot umgesetzt werden sollte.

„... sind die Wachen, Posten und Streifen der Grenztruppen der Nationalen Volksarmee an der Staatsgrenze West und Küste verpflichtet, die Schusswaffe in folgenden Fällen anzuwenden: ...
zur Festnahme von Personen, die sich der Anordnung der Grenzposten nicht fügen, in dem sie auf Anruf „Halt – stehen bleiben – Grenzposten" oder nach Abgabe eines Warnschusses nicht stehen bleiben, sondern offensichtlich versuchen, die Staatsgrenze der Deutschen Demokratischen Republik zu verletzen und keine andere Möglichkeit der Festnahme besteht;
zur Festnahme von Personen, die mittels Fahrzeugen aller Art die Staatsgrenze offensichtlich zu verletzen versuchen, nachdem sie vorschriftsmäßig gegebene Stoppzeichen der Grenzposten unbeachtet ließen oder auf einen Warnschuß nicht reagieren bzw. nachdem sie die Straßensperren durchbrochen, beiseite geräumt oder umfahren haben und andere Möglichkeiten zur Festnahme der betreffenden Personen nicht mehr gegeben sind.
2. Die Anwendung der Schusswaffe gegen den Grenzverletzer darf nur in Richtung Staatsgebiet der DDR oder parallel zur Staatsgrenze erfolgen.

Zugang zu einem Betrieb im Grenzgebiet von Ostberlin, Bezirk Treptow, 22. Juni 1963 (Foto: Bundesarchiv Koblenz, Bild: 183-B0622-0007-001)

3. Von der Schußwaffe darf nicht Gebrauch gemacht werden gegenüber Angehörigen ausländischer Armeen und Militärverbindungsmissionen, gegenüber Angehörigen diplomatischer Vertretungen, gegenüber Kindern ...“

Befehl des Ministers für
Nationale Verteidigung Nr. 76/61, Oktober 1961

Am 21.05.1963 wurde die Errichtung eines besonderen Grenzgebietes um Westberlin beschlossen. Das Grenzgebiet an der Berliner Mauer durfte nur noch mit einer Sondergenehmigung betreten werden. Es besaß eine Breite von 40 Metern bis zu 2,5 Kilometern, gerechnet vom Hinterlandzaun bzw. der später gebauten Hinterlandmauer. Hinterlandzaun und -mauer bildeten optisch die sichtbare Grenze auf östlicher Seite. Wie schon seit 1952 an der innerdeutschen Grenze waren die etwa 120 000 in diesem Bereich wohnenden und arbeitenden Ostberliner nunmehr unter ständiger Kontrolle. Jeder Verwandte oder Handwerker, der in das Grenzgebiet zu Besuch oder zur Arbeit wollte, musste einen Passierschein für das Grenzgebiet beantragen. Dicht an der Mauer zu wohnen, stellte für die

Passierschein I 1076217

zum vorübergehenden Aufenthalt im Schutzstreifen

Herr / Frau / Fräulein

(Name)
Hans

(Vorname)

ist berechtigt, sich aus ~~dienstlichen~~ / **privaten** Gründen in der Zeit

am **20.10.1989**
vom .... bis ....

in **Babelsberg** Krs.-
(Ort und Kreis)
Potsdam-Stadt .... aufzuhalten.

Der Passierschein ist **nur gültig** in Verbindung mit dem Personalausweis Nr.

E 0002155

Mitgeführtes Kraftfahrzeug (pol. Kennz.)

- - - -

Hinweise auf der Rückseite beachten!

Potsdam, den 1 0. Okt. 1989 19.....

(Unterschrift)

PM 107 (87/11) Ag 106/82/83/84/85

Passierschein für den Schutzstreifen im Grenzgebiet, Potsdam-Babelsberg, 20. Oktober 1989 (Foto: Führ)

meisten Betroffenen eine große Belastung dar. Den hell erleuchteten Grenzstreifen mit den todbringenden Sperranlagen vor Augen und auf Schritt und Tritt überwacht und kontrolliert, war die Lebensqualität in erheblichem Maße eingeschränkt.

Um Westberlin war die Mauer im August 1964 auf einer Länge von 15 Kilometern gebaut, es gab über 130 Kilometer Stacheldrahtsperren und 165 Beobachtungstürme, zumeist aus Holz. Der Grenzstreifen war noch nicht überall beleuchtet, ein durchgehender Kolonnenweg noch nicht vorhanden. Die Kosten für die Sperranlagen in Berlin beliefen sich zu diesem Zeitpunkt bereits auf 56,5 Mill. DM der DDR. Trotzdem gelang es immer noch vielen Menschen, die tödliche Sperranlage von Ost nach West zu überwinden. Auch Kontakte der DDR-Grenzposten auf die andere Seite der Grenze waren noch leicht möglich. Nach massiver Kritik seitens der SED-Führung wurde 1965 eine detaillierte Planung durch die Grenztruppen zum Ausbau der Sperranlagen um Westberlin vorgelegt. Die Planung sah bis 1970 u. a. eine Erweiterung und Erneuerung der Mauer, eine Verstärkung des Grenzzaunes, Höckersperren, Kfz-Sperren, einen durchgehenden Kolonnenweg und eine durchgehende

*Stacheldraht wird durch Betonröhren auf der Mauer an der Linden-
straße in Berlin-Mitte ersetzt, 1966 (Foto: ullstein bild – Wieczorek)*

Grenzbeleuchtung, die Errichtung von 150 neuen Beobachtungstürmen aus Beton, neue Postenhäuser, Zwei-
mannbunker, Flächensperren, 130 Kilometer Signalzaun
und 271 Toiletten vor. Die Kosten wurden mit knapp 37
Millionen DM der DDR veranschlagt. Das ergab einen Kilo-
meterpreis entlang der Grenze zu Westberlin von ca. 224 000
DDR-Mark. Minen und Selbstschussanlagen an der Berliner
Grenze waren auf Grund des schmalen Grenzstreifens und
aus Angst vor den internationalen Protesten nicht geplant.
Ab 1966 wurde diese Planung realisiert. Schwerpunkt
wurde der weitere Bau der Mauer, die nunmehr aus indus-
triell hergestellten Betonplatten mit horizontal verlaufenden
Fugen und einem aufgesetzten, glatten Betonrohr bestand.
Dieses einheitliche, genormte und optisch kalt wirkende
System der Mauer prägte fortan das Gesicht der Grenze
um Westberlin. In den 1970er Jahren wurde der Grenzstreifen vor der Berliner Mauer verbreitert, um Flüchtlinge
möglichst weit vor dem letzten großen Hindernis zu stellen.
Ab 1974 wurde die Hinterlandsmauer mit dem Grenzsignalzaun aufgebaut. Hier war für die Menschen aus dem
Osten das Land nicht nur sichtbar zu Ende. Der weitere

Schritt über die Hinterlandsmauer bzw. den Hinterlands-zaun in Richtung Berliner Mauer schloss eine tödliche Gefahr ein. Von westlicher Seite war es dagegen recht ein-fach, bis an die Berliner Mauer heranzukommen, die zwar komplett auf DDR-Territorium stand, aber für jedermann zugänglich war. Nicht nur die Kleingartenbesitzer West-berlins nutzten die Mauer als Rückwand für ihre Lauben, sondern auch Kinder als Spielplatz. Seit Mitte der 1970er Jahre wurde die Westseite der Mauer eine beliebte Pro-jektionswand für Botschaften und Kunst aller Art. An-gehörige der DDR-Grenztruppen rissen häufig in Sonder-aktionen illegale „Schwarzbauten" der Westberliner an der Mauerrückseite ab. Die Berliner Mauer blieb aber bis zu ihrem Fall die wohl größte alternativ gestaltete Fläche welt-weit. Anfängliche Proteste der DDR-Führung beim West-berliner Senat brachten keinen Erfolg, ebenso wie das Über-pinseln der gestalteten Mauerabschnitte durch die An-gehörigen der DDR-Grenztruppen.

Nach 1966 bauten Pioniereinheiten der Grenztruppen Kraftfahrzeug-Sperrgräben an der innerdeutschen Grenze und zu Westberlin. Diese Sperrgräben wurden vor dem doppelreihigen Stacheldrahtzaun ausgehoben und waren etwa drei Meter breit, 1,50 Meter tief und in Richtung Westen mit schräg eingelassenen Betonplatten ausgelegt, um einen Durchbruch mit einem Fahrzeug von Ost nach West zu verhindern. Ab 1967/68 wurde der Stachel-drahtzaun nach und nach durch einen Metallgitterzaun aus Streckmetallplatten (Grenzzaun I) ersetzt. Die bereits an-gelegten, unbefestigten Kolonnenwege wurden im selben Jahr mit Betonplatten befestigt, um eine höhere Beweg-lichkeit der Grenzposten zu garantieren. Auf dem Kolonnenweg patrouillierten die Angehörigen der Grenz-truppen zu Fuß oder motorisiert. Neben dem Kolonnenweg wurde ein Spurensicherungsstreifen, der Kontrollstreifen K 6 mit etwa sechs Meter Breite, angelegt und täglich auf Anzeichen einer „Grenzverletzung" untersucht.

Seit Anfang 1967 bereits in einer Testphase und schließlich im August 1967 endgültig wurden 2 622 **Grenzsäulen**, 13

Sprengung der Häuser an der Bernauer Straße am 29.12.1965, um für die Berliner Mauer mit Todesstreifen Platz zu schaffen. Die Versöhnungskirche im Hintergrund wurde erst 1986 gesprengt (Foto: ullstein bild)

Grenzbojen und 9 079 Grenzsteine an der innerdeutschen Grenze gesetzt. Damit versuchte die DDR, ihre Ansicht vom Verlauf der „Staatsgrenze" zu manifestieren. Die schwarz-rot-gelb schräg angestrichenen Grenzsäulen wurden auf dem „vorgelagerten Hoheitsgebiet der DDR", wenige Meter zwischen der eigentlichen Grenzlinie und der ersten Sperranlage, zumeist dem Metallgitterzaun oder der Mauer, aufgestellt. Ein ursprünglich aus Kunststoff gefertigtes Staatswappenschild der DDR befand sich an der zur BRD zugewandten Seite. Die bestehende gemeinsame Grenzkommission der Bundesrepublik und der DDR überprüfte zwischen 1973 bis 1978 die Grenzmarkierungen, so dass es nach gemeinsamem Beschluss auch zur Versetzung einzelner Grenzsteine kam.

Ab 1968 wurden an verschiedenen Bereichen der innerdeutschen Grenze und an der Berliner Mauer unüber-

*Blick vom Westen auf den Mauerverlauf vom Potsdamer Platz nach
Norden, 1984. Gut erkennbar ist die Sperranlage mit der (von vorne
nach hinten) vorderen Grenzmauer (als Begrenzung zu West-Berlin),
dem Kontrollstreifen, dem Kolonnenweg, den Beobachtungstürmen,
dem Grenzsignalzaun und der Hinterlandmauer als Begrenzung zu
Ost-Berlin (Foto: ullstein bild – Hampel)*

sichtliche Grenzabschnitte durch **Hundelaufanlagen** zusätzlich gesichert. Mit Laufleinen angegurtete Hunde sollten
vor allem Flüchtlinge melden. 1969 wurden die ersten
runden Beobachtungstürme aus Betonfertigteilen errichtet
und somit die bisherigen Holztürme ersetzt. An verschiedenen besonders gefährdeten Grenzabschnitten, wie

Bauarbeiten durch Soldaten der Grenztruppen der DDR an der Berliner Mauer, Harzer Straße, Berlin, Bezirk Neukölln, April 1980, Blick von West nach Ost (Foto: Wolfgang Kramer)

Bauarbeiten durch Soldaten der Grenztruppen der DDR an der Berliner Mauer, Waldemarstraße, Berlin, Bezirk Kreuzberg, März 1984, Blick von West nach Ost (Foto: Wolfgang Kramer)

oben und unten: Blick auf die Berliner Mauer aus Richtung St.-Thomas-Kirche, Berlin, Bezirk Kreuzberg in Richtung Ostberlin, August 1985 (Foto: Wolfgang Kramer)

z. B. den Grenzübergangsstellen, an bewohnten Ortschaften der innerdeutschen Grenze und vor allem an der Berliner Mauer, wurden Lichttrassen angelegt. Die modernen Halogenlampen waren überwiegend an Peitschenmasten installiert. Als wichtiges „Mittel zur Grenzsicherung" setzten die Grenztruppen der NVA ab Mitte der 1960er Jahre Postensignalgeräte ein. Die mit verschiedenfarbigen Leuchtpatronen ausgestatteten Geräte wurden durch eine Signalschnur über dem Boden ausgelöst und zeigten dem **Grenzposten** anhand einer Signaltabelle den Standort eines versuchten Grenzdurchbruchs. 1967 begannen Pioniereinheiten der Grenztruppen mit der Errichtung des Grenzzaunes I, um allmählich den doppelreihigen Stacheldrahtzaun zu ersetzen. Alle technischen Maßnahmen seitens der DDR zur Grenzsicherung und die verbesserte Ausbildung der Grenztruppen der NVA konnten zwar die Anzahl der „Grenzdurchbrüche" und Fahnenfluchten stark einschränken, änderten aber nichts an der Tatsache, dass die DDR international als „Mauerstaat" wahrgenommen wurde.

Zu den zahlreichen Sonderheiten der innerdeutschen Grenze gehörten auch Ortschaften, die infolge der Nachkriegsentwicklung ähnlich wie Berlin in einen Ost- und Westteil getrennt wurden. Als wohl markantestes Beispiel dafür steht das Dorf Mödlareuth an der thüringisch-bayerischen Landesgrenze. In den zurückliegenden Jahrhunderten war der Ort infolge von territorialen Streitigkeiten zwischen feudalen Gewalten bereits geteilt worden. Ein Dorfteil gelangte schließlich an das Königreich Bayern, während der andere Teil dem thüringischen Fürstentum Reuß jüngerer Linie verblieb. Dies ist nicht sonderlich beachtlich, da die Grenzen in der deutschen Vergangenheit zwar rechtliche Unterschiede in den einzelnen Landesteilen mit sich brachten, aber keinesfalls den Bewegungsspielraum der Menschen einschränkten. Nach dem Ende des 2. Weltkrieges gelangte die eine Dorfhälfte zur amerikanischen Besatzungszone, die andere in die sowjetische Besatzungszone. Noch gingen die Kinder des Dorfes gemeinsam zur Schule, die Bevölkerung

oben: Grenzanlage in Mödlareuth. Bau der Grenzbefestigung im geteilten Dorf Mödlareuth; rechts: Grenzsoldaten der DDR bei der Grenzanlage, links zwei Zollbeamte der BRD. Die Leine markiert die Grenze, 20.10.1964 (Foto: ullstein bild – AP)

unten: Die Mauer im geteilten Ort Mödlareuth; Blick vom bayerischen Teil in Richtung Osten, Juli 1969 (Foto: ullstein bild – Lehnartz)

beider Dorfteile traf sich im gemeinsamen Gasthaus. Mit
der doppelten Staatsgründung gehörten beide Dorfhälften
ab 1949 zu zwei unterschiedlichen deutschen Staaten, die
sich in entgegengesetzten politischen, wirtschaftlichen und
militärischen Systemen befanden. Der Übergang über den
Dorfbach war nur noch mit einem beantragten Passierschein
möglich. Ab 1952 bestimmte die neue Grenzordnung der
DDR die Geschicke der Dorfbewohner mit Sperrzone,
Schutz- und Kontrollstreifen und schließlich einem über-
mannshohen Bretterzaun mit aufgesetzten Stahlspitzen. 1966
wurde auf einer Länge von 700 Metern eine 3,30 Meter hohe
Betonmauer nach dem Muster der Berliner Mauer durch
das Dorf gezogen. In der Nacht beleuchtet und mit ent-
sprechender zusätzlicher Sicherungstechnik ausgestattet und
vom Grenzturm unter ständiger Beobachtung wurde das
entlegene Dorf zu einem besonders gesicherten Abschnitt
der innerdeutschen Grenze. Der Ort am Ende zweier Welten
wurde schließlich unter dem Namen „Little Berlin" welt-
weit bekannt und stand in besonderem Maße für den Wider-

*Eine Selbstschussanlage
wird am Metallgitter-
zaun auf DDR-Seite
montiert. Grenze Thü-
ringen (Bezirk Erfurt)/
Hessen 1970er Jahre
(Foto: Point Alpha)*

Beohachtungs-turm (Führungs-turm) der DDR-Grenztruppen zwischen Rasdorf und Setzelbach (Bezirk Erfurt/ Thüringen). Im Vordergrund Grenzsäule der DDR, nach 1970 (Foto: Point Alpha)

sinn der innerdeutschen Grenze. Etwa 25 Kilometer Betonmauer befanden sich an weiteren besonders schwierig kontrollierbaren Teilen der innerdeutschen Grenze.

Auf der Grundlage eines Beschlusses des Nationalen Verteidigungsrates der DDR vom 23.10.1969 erfolgte in den Grenztruppen der NVA im Frühjahr 1971 eine vollständige Umstrukturierung. Anstelle der Grenzbrigaden bzw. der Grenzsicherungskräfte der Stadtkommandantur Berlin wurden unter dem „Kommando Grenze" in Pätz bei Berlin die Grenzkommandos Nord (Sitz: Stendal), Mitte (Sitz: Berlin-Karlshorst) und Süd (Sitz: Erfurt) gebildet, jeweils aus sechs Regimentern bestehend. Zum Grenzkommando Mitte gehörten als eine Besonderheit innerhalb der Grenztruppen auch Artillerieeinheiten als Bestandteil der Grenzregimenter, die mit Raketenwerfern, Flammenwerfern, Kanonen, Haubitzen und Granatwerfern russischer Produktion ausgerüstet waren. In diesem Falle sah die Planung vor, dass bei einem „Ernstfall" Westberlin angegriffen werden sollte bzw. von diesen Spezialeinheiten im Falle eines Angriffs aus Westberlin durch die Alliierten die erste Welle des Angriffs aufgefangen werden konnte. Zur technischen Ausrüstung der Grenztruppen gehörten auch Hubschrauber und Schnellboote für die Binnengewässer. Die Grenztruppeneinheiten an der Küste blieben weiterhin der NVA-Volksmarine unterstellt. An der Grenze zu Polen und zur ČSSR bestand jeweils ein Grenzregiment. Insgesamt betrug die Personalstärke der Grenztruppen der DDR in den 1970er Jahren über 50 000 Mann.

Seit Einführung der Wehrpflicht in der DDR im Jahre 1962 wurden die wehrpflichtigen Soldaten auch automatisch zum Dienst in die Grenztruppen gezogen. Im Vorfeld wurde dazu ein dichtes Netz von Überprüfungen durch die „Sicherheitsorgane" der DDR, wie Volkspolizei und MfS, gezogen. Die jungen Wehrpflichtigen mussten in ein Raster passen, das die Möglichkeit einer Fahnenflucht im Grenzdienst weitestgehend ausschloss und den Einsatz der Schusswaffe an der Grenze als Option sicherte. Überprüft wurden u. a. familiäre Verbindungen, Westkontakte, Ausbildungsziele in der Zukunft oder Partnerschaftsverbindungen. Der für die Wehrpflichtigen geplante Einsatz an der Grenze wurde häufig erst am Tage der Einberufung bekannt. Nach einer allgemeinen militärischen Grundausbildung von vier Wochen erhielten die jungen Soldaten in den Ausbildungsregimentern der Grenztruppen eine spezielle, auf den Grenzdienst zugeschnittene Ausbildung. Erst im zweiten Diensthalbjahr von insgesamt drei Diensthalbjahren wurden die Grenzsoldaten an der innerdeutschen Grenze und in Berlin quasi an vorderster Front eingesetzt. Trotz einer etwas besseren Versorgung in den Kasernen und einem höheren Grundwehrsold – es wurde ein „Grenzzuschlag" gezahlt – war der Dienst in zumeist abgelegenen Standorten mit wenig Ausgang und Urlaub und vor allem mit einem physisch wie psychisch überaus belastenden Dienst im Schichtsystem nicht sonderlich beliebt. Trotz anderslautender offizieller Propaganda und auch vorhandenen positiven Kontakten zu den Menschen im Grenzgebiet oder im Ausgang waren besonders im Großraum

Gefreiter der 7. Grenzbrigade (Magdeburg) der Grenztruppen der NVA, 1970. Die typische Auszeichnung für DDR-Grenzsoldaten war ein Foto vor der Truppenfahne. (Foto: Führ)

Berlin/Potsdam die „Grenzer" schlecht angesehen. Der Vorwurf des **„Mauerschützen"** für eine große Gruppe junger Wehrpflichtiger, die das Pech gehabt hatten, an der innerdeutschen Grenze dienen zu müssen, lastete schwer. Die Unteroffiziere auf Zeit und die Berufssoldaten, die für den Grenzdienst vorgesehen waren, erhielten ihre halbjährige Ausbildung zum Erhalt des ersten Unteroffiziersdienstgrades an der Unteroffiziersschule der Grenztruppen in Glöwc bzw. Potsdam, ab 1973 in Perleberg. Am 25. 2. 1971 bekam die bis zu diesem Zeitpunkt bestehende Ausbildungsstätte mit Fachschulcharakter für Offiziere der Grenztruppen in Plauen (ab 1983 in Suhl) den Status einer Offiziershochschule. Das neu bestimmte Profil der Offiziershochschule der Grenztruppen der DDR „Rosa Luxemburg" zielte auf eine Ausbildung der Dienststellungen Zug- und Kompanieführer im Grenzdienst.

Am 1. April 1974 schließlich, im Vorfeld der Wiener Abrüstungskonferenz (KSZE), wurden die Grenztruppen aus der NVA-Unterstellung herausgelöst, verblieben aber als „Grenztruppen der Deutschen Demokratischen Republik" weiterhin dem Ministerium für Verteidigung unterstellt: ein Schachzug der DDR-Führung, die Grenztruppen nicht als offiziellen Bestandteil in die internationalen Abrüstungsgespräche einbringen zu müssen. Sichtbare Veränderung an der Uniform der Angehörigen der Grenztruppen wurde der grüne, umlaufende Ärmelstreifen über dem linken Ärmelaufschlag mit der Umschrift „Grenztruppen der DDR".

Trotz der langsam spürbar werdenden Entspannung des internationalen politischen Klimas und den zunehmenden Kontakten zwischen offiziellen Vertretern der beiden deutschen Staaten hielt die DDR-Führung bis zum Ende der 1980er Jahre am aufwendigen Ausbau der Grenzanlagen fest. Mit den 1970 erstmals installierten Splitterminen (SM 70), umgangssprachlich als „Selbstschussanlagen" bezeichnet, war eine besonders heimtückische Waffe im Einsatz, um eine „Republikflucht" aus der DDR zu verhindern. Durch einen Spanndraht ausgelöst, verstreuten die „SM 70" bis zu 80 scharfkantige Metallsplitter in einem Umkreis von 120 m, die aus kurzer Entfernung tödlich waren. Seitens der DDR-Führung wurde diese Form der „Grenzsicherung" lange Zeit vertuscht und abgestritten, in einer Zeit, als der sozialistische deutsche Staat um internationale, völkerrechtliche Anerkennung buhlte. Erst durch fahnenflüchtige Angehörige der Grenztruppen und auf Bundesgebiet gelangte verwundete Flüchtlinge wurde die Existenz der Splitterminen im Westen bekannt. Die technisch verbesserte Version der „Selbstschussanlagen", ab 1976 im Einsatz, verschoss bis zu 20 Stahlkugeln und war besser gegen Diebstahl sowie gegen Fehlalarme, z. B. durch Wildtiere, gesichert. Mitte 1983 gab es an der innerdeutschen Grenze auf ca. 450 Kilometern Länge ca. 60 000 dieser Splitterminen. Erst durch die von Franz-Josef Strauß (CSU) vermittelten Milliardenkredite Anfang der 1980er Jahre wurde die SED-Führung der DDR veranlasst, ab 1983 alle Erdminen und auch die „Selbstschussanlagen" abzubauen. Bis 1985 fand dieser Prozess seinen Abschluss. Allerdings mussten noch nach dem Fall der innerdeutschen Grenze 1989/90 einzelne noch im Boden befindliche Minen geräumt und entschärft werden.

„Auf ihrem Streifengang besuchen die Grenzposten oft die Holzfäller der LPG Typ III „Klement Gottwald" Bornhagen, die in unmittelbarer Nähe der Staatsgrenze arbeiten. Die Holzfäller geben den Grenzposten oft Hinweise über ortsfremde Personen und teilen Beobachtungen mit. Hier bekommen Postenführer ... und Soldat ... einen wärmenden Schluck am Feuer der Holzfäller." Bildtitel der DDR-Bildagentur Zentralbild (ZB), der die Verbundenheit der DDR-Grenzsoldaten mit der Grenzbevölkerung zeigen sollte. 18.02.1965 (Foto: Bundesarchiv Koblenz/ZB-Kohls)

Von hoher Effizienz war inzwischen der seit 1973 aufgebaute Grenzsignal- und Sperrzaun (GSZ 70), der über optische und akustische Signalanlagen verfügte. Als Hinterlandszaun riegelte der GSZ 70 auf der gesamten Länge der innerdeutschen Grenze die Sperrzone ab. Der Grundtyp bestand aus einer Streckmetallplatte, über der sich mehrere waagerecht gespannte Stacheldrahtreihen befanden. Darüber befand sich der ca. 45 Grad gen DDR gerichtete „Abweiser" mit zumeist vier Stacheldrahtreihen. Sofern sich mindestens zwei Drähte berührten oder ein Draht durchtrennt wurde, wurde ein Alarm in einer der Führungsstellen der Grenztruppen ausgelöst. Durch die Nummerierung der einzelnen Felder konnte anhand der optischen und akustischen Signale die Stelle des Fluchtversuchs lokalisiert werden. In den 1980er Jahren wurde

*Innerdeutsche Grenze mit Sperranlagen, Bezirk Erfurt (Thüringen)/
Hessen Anfang 1980er Jahre. Kolonnenweg, Kfz-Sperrgraben und
Grenzzaun I aus Streckmetall (Foto: Point Alpha)*

der GSZ durch eine modernisierte Variante ersetzt, der
nunmehr ein Überwinden des Zaunes ohne größere technische Hilfsmittel nahezu unmöglich machte. Die Verhinderung von „Grenzdurchbrüchen" bereits am ersten Hinterlandzaun der innerdeutschen Grenze kam der DDR-
Führung sehr entgegen, musste sie sich international nicht
mehr so häufig unangenehmen Fragen stellen. Spektakuläre
Festnahmen und Verfolgungsjagden von DDR-Flüchtlingen
fanden nun weniger vor den Augen westlicher Beobachter,
sondern im Grenzhinterland statt.
Endgültiges und letztes Hindernis blieb aber der an der innerdeutschen Grenze durchgängig vorhandene vordere
Grenzzaun I, der etwas zurückgesetzt hinter der eigentlichen
Grenzlinie stand. Durchschnittlich 3,20 Meter hoch und
seit den 1980er Jahren aus verzinkten Streckmetallplatten
bestehend, waren je drei Platten überlappend an
Betonsäulen befestigt. Die scharfkantige Gitterstruktur der
Platten mit zwei Zentimeter kleinen, rhombenförmigen
Durchbrüchen bot keinen Halt und hatte damit einen ähn-
lichen Effekt wie die Betonmauer um Westberlin. Die durch
den Grenzzaun führenden „Gassentore" waren mechanisch

Pioniereinheit der Grenztruppen der DDR beim Minensuchen zwischen Metallgitterzäunen. Grenze zwischen Hessen und dem Bezirk Erfurt (Thüringen), um 1985 (Foto: Point Alpha)

oder elektromechanisch gesichert. Durch dieses letzte Tor in Richtung Westen konnten Angehörige der Grenztruppen das vorgelagerte Hoheitsgebiet der DDR betreten. In Einzelfällen wurden auf diesem Streifen zwischen Grenzzaun I und der markierten Grenzlinie auch landwirtschaftliche Tätigkeiten von Bauern der DDR zugelassen, natürlich unter strengster Bewachung.

„Die Nationale Volksarmee, die Grenztruppen der DDR, das Ministerium für Staatssicherheit, die Deutsche Volkspolizei und die anderen Organe des Ministeriums des Innern, die Kampfgruppen der Arbeiterklasse und die Angehörigen der Zivilverteidigung erfüllen standhaft ihren Klassenauftrag, die sozialistische Ordnung und das friedliche Leben der Bürger gegen jeden Feind zu schützen. Es bleibt ihr Auftrag, die Souveränität, die territoriale Integrität, die Unverletzlichkeit der Grenzen und die Sicherheit der DDR zu gewährleisten."

Erich Honecker, Staatsratsvorsitzender der DDR und Generalsekretär der SED, auf dem XI. Parteitag der SED 1985

Vor besondere Herausforderungen war die SED- und Staatsführung gestellt, wenn internationale Ereignisse in Ostberlin oder als bedeutend eingestufte Staatsbesuche in der DDR oder auch in der Bundesrepublik anstanden. Für diese Zeiträume galt es, unliebsame Zwischenfälle wie die Anwendung der Schusswaffe auf Flüchtige an der Grenze zu vermeiden. Die Aussetzung des Schießbefehls wurde deshalb explizit durch die DDR-Führung fernmündlich und auch schriftlich angewiesen. Einer der Höhepunkte internationaler Großveranstaltungen waren die „X. Weltfestspiele der Jugend und Studenten", die 1973 in Ostberlin stattfanden. Die DDR versuchte, sich bei diesen Treffen von Jugendlichen aus aller Welt über zehn Jahre nach dem Bau der Berliner Mauer als moderner und weltoffener Staat zu geben. Während die jungen Leute nicht nur auf Großveranstaltungen weilten und bis spät in die Nacht auch das Hinterland der Grenze aufsuchten, war ein immenser Apparat von MfS, Volkspolizei und vor allem auch der Grenztruppen der DDR in erhöhter Alarmbereitschaft und im Einsatz. Für das Grenzkommando Mitte in Berlin bestand schon vor Beginn der Weltfestspiele eine Ausgangssperre, und das Grenzhinterland rund um Westberlin wurde nahezu hermetisch abgeriegelt, um jeden noch so kleinen Vorfall im Grenzbereich zu unterbinden. Dafür erhielten die Angehörigen der Grenztruppen zeitweilig eine verbesserte Verpflegung und zusätzlich im begrenzten Maße alkoholische Getränke auf Zuteilung, für einfache Dienstgrade in den Kasernen der Grenztruppen sonst nicht erhältlich. Mit ähnlichem Aufwand wurden auch die innerdeutsche Grenze und die Berliner Mauer abgesichert, als der Staatschef der UdSSR Leonid Breschnew (1907 –1982) 1981 Bonn besuchte. Auch in den 1980er Jahren wurde dieses Verfahren fortgeführt, so u. a. anlässlich der 750-Jahr-Feier 1987 von Berlin.

Mit dem Abbau der Minen an der innerdeutschen Grenze und durch die innenpolitische Entwicklung in der DDR nahm der Druck auf die innerdeutsche Grenze und die Berliner Mauer zu. Bereits 1983 hatte die politische und

Beobachtungsturm im Grenzgebiet am Friedrich-Ludwig-Jahn-Sportpark, Berlin, Bezirk Prenzlauer Berg, 20. 7 1973 (Foto: Landesarchiv Berlin)

militärische Führung der DDR detaillierte Pläne erarbeitet, um das Grenzsystem den veränderten Bedingungen anzupassen und ein vorauszusehendes Anschwellen der „Grenzdurchbrüche" zu verhindern. Aber auch international negativ ins Gewicht fallende Aktionen, wie die Verhinderung von Fluchtversuchen mit der Schusswaffe, sollten noch mehr vermindert werden. 1989 stand eine wesentliche Umstrukturierung der Grenztruppen der DDR an. Die 1971 gebildeten drei Grenzkommandos wurden aufgelöst und Grenzbezirks- und Grenzkreiskommandos eingerichtet. Spät passte sich damit die Struktur der Grenztruppen der politischen Struktur in der DDR an. Eine „optisch saubere" Hightech-Grenze mit begrüntem Hinterlandszaun und mit teuren, hochempfindlichen elektronischen Überwachungsgeräten war bis zum Jahr 2000 geplant – ein Vorhaben, das in der Schublade bleiben sollte.

VON HÜBEN NACH DRÜBEN. REISEN UND KONTAKTE IM GETEILTEN DEUTSCHLAND

Nach dem Ende des 2. Weltkrieges galt durch die Festlegung der Alliierten ein generelles Reiseverbot. Fernreisen, besonders zwischen den einzelnen Besatzungszonen, waren generell antrags- und genehmigungspflichtig. Ab dem Herbst 1945 erteilten die Besatzungsbehörden in Ausnahmefällen derartige Reisegenehmigungen. Am 29. Oktober 1945 wurden Interzonenpässe eingeführt. Die Britische Zone hob diese Regelung bereits zum 1. November 1948 auf, innerhalb der neu gegründeten Bundesrepublik blieb sie bis zum 1. November 1949 erhalten. Zwischen der BRD und der DDR waren die Interzonenpässe bis zum 16. (West-Ost) bzw. 21. November 1953 (Ost-West) nötig. Zwischen der SBZ und den Westzonen bestand nach dem Krieg ein Warenein- und -ausfuhrverbot durch Privatpersonen. Die allgemeine Notlage wie auch zonenübergreifende Privatgeschäfte führten bis zu Beginn der 1950er Jahre zu einem regen Austausch über die Zonengrenze in beide Richtungen. Obwohl bereits lebensgefährlich, überquerten Hunderttausende die Demarkationslinie in der Nachkriegszeit. Die sowjetischen Kontrollposten und die neuformierte Grenzpolizei in der SBZ bzw. der DDR gingen allerdings noch mit unterschiedlicher Härte gegen die illegalen Grenzverletzer vor und arbeiteten ab und an auch mit den Behörden auf westdeutschem Gebiet zusammen. Infolge des am 1. Mai 1950 erlassenen Zollgesetzes der DDR wurden rund um Berlin für die Schienen- und Straßenwege Kontrollpassierpunkte (KPP) eingerichtet, wo, wie auch an der Westgrenze der DDR, die Einhaltung des Gesetzes überprüft wurde. Bereits vor den Kontrollpassierpunkten kontrollierten in den Eisenbahnzügen Zugbegleitkommandos der Transportpolizei (Trapo) verdächtige Personen, die in Richtung Berlin bzw. Westberlin

Mitarbeiter des Amtes für Zoll und Kontrolle des Warenverkehrs der DDR am ostdeutschen Grenzkontrollpunkt Marienborn (Bezirk Magdeburg), 28.07.1954 (Foto: Bundesarchiv Koblenz/ZB-Junge)

fuhren. Wer seine Reise nach Berlin nicht stichhaltig belegen konnte oder rare Waren aus der DDR mit sich führte, wurde verhört, manchmal verhaftet und zumindest in die DDR abgeschoben. Die mitgeführte Ware wurde beschlagnahmt. Um „Sabotage- und Störversuche durch illegalen Warenhandel und Schmuggel mit Devisen und Zahlungsmitteln" zu verhindern, wurde in der DDR am 1. September 1951 das „Amt für Zoll und Kontrolle des Warenverkehrs" (AZKW) gegründet. Das AZKW (ab 1962 **Zollverwaltung der DDR**) übernahm einen Teil der Aufgaben der Deutschen Grenzpolizei.

Ab dem 13. August 1961 bis in die 1970er Jahre waren Reisen von der DDR in die BRD und nach Westberlin nur noch einem extrem eingeschränkten Personenkreis möglich. Die größte Gruppe, die jeweils befristete Reisemöglichkeiten in den Westen bekam, vier Wochen pro Jahr, waren Rentnerinnen ab dem 60. Lebensjahr und Rentner ab dem 65. Lebensjahr sowie Invalidenrentner. Die Reisemöglichkeit für diese Personengruppe bestand ab November 1964. Den Rentnern und Invalidenrentnern war es zudem relativ komplikationslos möglich, von der DDR in die BRD bzw. Westberlin überzusiedeln. Das Einfrieren des deutsch-deutschen Reiseverkehrs nach dem Mauerbau 1961 trieb die DDR in eine zunehmende Isolation. Die Genehmigungspraxis von Reisen für Wissenschaftler, Wirtschaftsfunktionäre und andere Dienstreisende wurde stark eingeschränkt und unterlag den strengen Auswahlkriterien der SED- und Staatsführung. Reisen durfte nur noch ein äußerst begrenzter Kreis von Dienstreisenden, die in der Bevölkerung der DDR als „Reisekader" bekannt wurden. Das Privileg, zu den „Reisekadern" zu gehören, war überaus begehrt. SED und das Ministerium für Staatssicherheit (MfS) der DDR wachten darüber, dass nur „loyale" Bürger der DDR in das westliche Ausland einschließlich der BRD und Westberlin reisen durften. Bei Auswahlverfahren für die „Reisekader" standen die politische Zuverlässigkeit im Sinne der SED und Sicherheitsfragen, besonders die Frage nach der Möglichkeit einer „Republikflucht", im Vordergrund. Keine Verwandtschaft „im Westen" und natürlich auch keine privaten Kontakte in das westliche Ausland waren von besonderem Nutzen. Berichte **Inoffizieller Mitarbeiter (IM)** des MfS trugen bereits im Vorfeld zur Prüfung bei. Das Vetorecht und eine weitere Überwachung der genehmigten

Der auf westdeutscher Seite (Niedersachsen) befindliche Grenzkontrollpunkt Helmstedt (Allied Check Point) 10.6.1967 (Foto: Bundesarchiv Koblenz/ZB-Link)

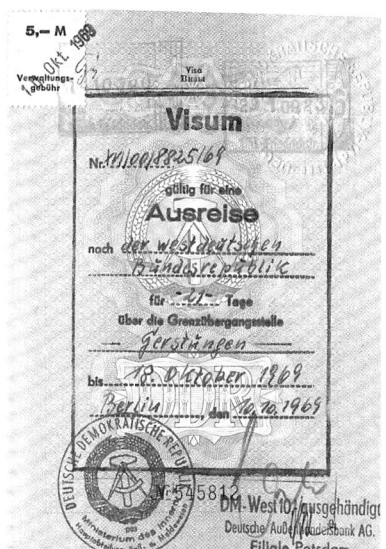

Auslandsreisenden gehörte schließlich zu den wichtigen Tätigkeitsfeldern des MfS. Die Dienstreisenden aus Wirtschaft, Kultur, Sport, Kirche und Medien waren allerdings entgegen aller schon damals bestehender Gerüchte nur zu einem geringen Prozentsatz auch gleichzeitig informelle Mitarbeiter des Ministeriums für Staatssicherheit der DDR. Trotzdem schuf das System der „Reisekader" ein Geflecht von Abhängigkeiten und Loyalitäten und diente letztendlich der DDR-Führung als Herrschaftsmittel. Die durch die DDR-Führung auferlegte Begrenzung der Reisemöglichkeiten führte vor allem im Wissenschaftsbereich zu erheblichen Informationsverlusten, die auch durch andere Informationsquellen nur zum Teil wettgemacht werden konnten. Nur in geringem Maße fanden auch wissenschaftliche Austauschprogramme zwischen der DDR und einigen westeuropäischen Staaten, den USA und letztendlich auch der Bundesrepublik in den 1970er/1980er Jahren statt. Für die meisten DDR-Bürger blieb hingegen eine Reise in das westliche Ausland und in den anderen Teil Deutschlands ein ferner Traum, ein Rechtsanspruch für eine Reise war nicht gegeben. Dieser unerfüllbare Traum und die damit verbundenen Vorstellungen über eine unerreichbare Welt sollten das Denken eines wesentlichen Teiles der DDR-Bürger zutiefst beeinflussen.

Für die Bundesbürger, Ausländer, westliche Militärangehörige der alliierten Besatzungstruppen und in Ostberlin akkreditierte Diplomaten und Journalisten blieb die Grenze zur DDR auch über Westberlin durchlässig. Schwierig gestaltete sich nach dem Mauerbau die Lage für die Westberliner. Der Sonderstatus Westberlins nach dem Ende des Zweiten Weltkrieges warf eine Reihe von Problemen auf, die seitens der DDR-Führung weidlich ausgenutzt wurden. Vom 23. August 1961 bis Ende 1963 durften Westberliner nicht nach Ostberlin und in die DDR einreisen; nur die Benutzung der Transitstrecken in das Bundesgebiet war ihnen möglich. Nach langen Querelen gab schließlich die DDR-Regierung Passierscheine für die

Passierscheinabkommen, Aktion vom 19.12.1963–05.01.1964. Ost-Berliner Postangestellte bringen Passierscheine nach Westberlin. Grenzübergang Invalidenstraße (An der Sandkrugbrücke), Berlin, Bezirk Tiergarten, Dezember 1963 (Foto: Landesarchiv Berlin)

Andrang vor der Passierscheinstelle in der Schiller-Schule, Schiller-
straße 125, Berlin, Bezirk Charlottenburg, 19.12.1963 (Foto:
Landesarchiv Berlin/Gert Schütz)

Westberliner zum Weihnachtsfest 1963 aus. Das erste
Passierscheinabkommen mit Westberlin beinhaltete schließlich ein ausgesprochen kompliziertes Passierschein-Aus-
gabeverfahren für die Bürger im Westteil von Berlin. DDR-
Postangestellte nahmen Passierscheinanträge in Westberlin
entgegen, bearbeitet wurden diese in Ost-Berlin, um dann
in zwölf Westberliner Schulen und Turnhallen wieder ausgegeben zu werden. Vor den Ausgabestellen bildeten sich in
der Vorweihnachtszeit bei Kälte und Schnee lange, bis zu
12 Stunden währende Warteschlangen, um die begehrten
Passierscheine zu erhalten. Nach zwei Jahren konnten end-
lich Westberliner ihre Ostberliner Verwandten und
Bekannten in die Arme nehmen. In genehmigten
Sonderfällen reisten die Westberliner auch mit dem Auto
nach Ostberlin, nach dem Bau der Mauer ein inzwischen
ungewohntes Bild auf Ostberliner Straßen. Die DDR-
Behörden hatten an der Friedrichstraße und an der
Oberbaumbrücke – zwei der insgesamt fünf bestehenden
Grenzübergangsstellen zu Westberlin – zahlreiche pro-

visorische Abfertigungshäuschen aufgebaut. Die Besuchs-
möglichkeit blieb begrenzt und umfasste den Zeitraum vom
19. Dezember 1963 bis zum 5. Januar 1964. In zwei Wochen
wurden 1 242 800 Passierscheine für einen Eintagesaufent-
halt in Ostberlin ausgegeben. Die Gültigkeit des Passier-
scheins galt von 6 Uhr morgens bis 24 Uhr, ein **Zwangsumtausch** von 10 DM (West) erfolgte zum Kurs 1:1. Bis
Pfingsten 1966 traten drei weitere Passierscheinabkommen
für die Westberliner in Kraft, um Ostberlin besuchen zu
dürfen. Danach blieb es den Westberlinern wiederum jahre-
lang versagt, Ostberlin und die DDR besuchen zu dürfen.
Erst am 29.03.1972 setzte die DDR-Regierung Reise-
erleichterungen und damit auch die Besuchsmöglichkeiten
nach dem Osten in Kraft.

Verhandlungen der vier Siegermächte des 2. Weltkrieges ab
1970 ergaben schließlich das Viermächteabkommen über
Berlin (Berlinabkommen) am 3. September 1971. Es führte zu einer massiven Verbesserung des Verhältnisses der
beiden deutschen Staaten und verbesserte wesentlich die
Lage für Westberlin. Parallel zu den Viermächteverhand-
lungen hatten Ende des Jahres 1970 die beiden deutschen
Staaten Verhandlungen über Verkehrsfragen, ein Transitabkommen und einen Grundlagenvertrag begonnen. Ver-
handlungsführer waren die Staatssekretäre Egon Bahr
(BRD) und Michael Kohl (DDR). Die innerdeutschen Verhandlungen brachten die ersten gesetzlichen Regelungen
der DDR für eine Verbesserung im Reiseverkehr zwischen
den beiden deutschen Staaten. Das „Abkommen zwischen
der Deutschen Demokratischen Republik und der Regierung der Bundesrepublik Deutschland über den Transitverkehr von zivilen Personen und Gütern zwischen der
Bundesrepublik Deutschland und Berlin (West)" wurde die
bis zum Fall der innerdeutschen Grenze in wesentlichen
Zügen bestehende Grundlage für den Transitverkehr über
das Territorium der DDR. Dem Vertrag über „Fragen des
Verkehrs" folgte schließlich die Unterzeichnung des
„Grundlagenvertrages" zwischen der BRD und der DDR
am 21.12.1972. Dieser Vertrag erkannte die Vier-Mächte-

Verantwortung für die beiden Staaten an, die Unverletzlichkeit der Grenzen, die Beschränkung der Hoheits-
gewalt auf das jeweilige Staatsgebiet, den Austausch
„Ständiger Vertreter", die Beibehaltung des vor allem für
die DDR günstigen „innerdeutschen Handels" und die Zustimmung auf einen Antrag der beiden Staaten auf eine
UNO-Mitgliedschaft. In der Folge des Grundlagenvertrages
wurde auch ein Vertrag über den kleinen Grenzverkehr
abgeschlossen. Bewohner der grenznahen Kreise beider-
seits der innerdeutschen Grenze erhielten damit die
Möglichkeit für Tagesreisen auf die jeweils andere Seite.
Dazu wurden zu den bisherigen Grenzübergangsstellen weitere vier Grenzübergänge eingerichtet. Ausgenommen
blieben die westdeutschen Orte, die in den Sperrzonen der
DDR lagen. Vor der ersten Einreise mussten die BRD-
Bürger einen Mehrfachberechtigungsschein bei den Pass-
behörden der DDR beantragen. Mit dem im Regelfall nach
vier bis sechs Wochen ausgehändigten Dokument, das sechs
Monate Gültigkeit hatte, konnten Besucher aus dem Westen
innerhalb von 30 Besuchstagen im Jahr anfänglich für einen
Tag, später für zwei Tage in die DDR einreisen. Für die Ausreise aus der DDR musste grundsätzlich der Einreiseüber-
gang benutzt werden. Das Angebot des kleinen Grenzverkehrs wurde von westdeutscher Seite durch relativ viele

*Willkürliche Sperrung der Transitstrecke nach Lauenburg (BRD)
durch DDR-Grenztruppen. Kontrollpunkt Heerstraße, Berlin-
Staaken, 5.3.1969 (Foto: Landesarchiv Berlin)*

Menschen aus dem grenznahen Raum genutzt. Anträge für
Bürger aus den im Grenzbereich liegenden Kreisen der
DDR wurden restriktiv behandelt, und es waren vor allem
DDR-Rentner, die schließlich die Möglichkeiten des kleinen
Grenzverkehrs in erheblichem Maße nutzen konnten.
Trotz mancher Schikanen durch die „DDR-Grenzkontroll-
organe" bei den Grenzkontrollen und dem bestehenden
Zwangsumtausch besuchten im Jahresdurchschnitt sechs
bis sieben Millionen Bundesbürger und Westberliner die
DDR. Sie hatten zumeist familiäre Kontakte, führten Gespräche, verbreiteten Informationen und demonstrierten
alleine durch ihre Anwesenheit ihren Lebensstil. Diese Kontakte waren bereits für sich genommen der Gegenbeweis
für die gebetsmühlenartig wiederholte Propagandathese der
DDR-Führung, dass der „Kapitalismus in der BRD" in
seinen letzten Zügen liege und sich deshalb besonders ag-
gressiv gebärde. Für die Einreise in die DDR brauchten die
bundesdeutschen Bürger ein durch die DDR ausgestelltes
Einreisevisum, die Westberliner mussten einen gesonderten
Antrag ausfüllen. Neben dem ab den 70er Jahren bestehenden Kleinen Grenzverkehr und dem Tagesvisum für

Hinweisschild für Transitreisende. Kontrollpunkt Heerstraße (Grenzübergang für den Transitverkehr in Westberlin) Berlin, Bezirk Spandau, 27.11.1973 (Foto: Landesarchiv Berlin/Karl-Heinz Schubert)

die Einreise von Westdeutschen über Westberlin war vor allem die zweimal im Jahr stattfindende internationale Leipziger Messe eine unkompliziertere Möglichkeit, in die DDR zu reisen. Mit dem im Westen erhältlichen Messeausweis blieb der Aufenthalt im Wesentlichen auf den Bezirk Leipzig und auf die in den Nachbarbezirken angegebenen Hotels beschränkt. Touristische Reisen in die DDR konnten die Bundesbürger und Westberliner in einheimischen Reisebüros buchen, und besonders in den 1970er/80er Jahren erhielten auch westdeutsche Schüler und Jugendliche die Möglichkeit, seitens des DDR-Reisebüros organisierte touristische Studienreisen in den Osten zu unternehmen. Zwar wurden diese Reiseangebote in einem gewissen Umfang auch wahrgenommen, aber die Jugendlichen der Bundesrepublik hatten inzwischen die Welt westlich von Deutschland entdeckt. Reisen nach Paris oder

London waren angesagter als aufwendige Grenzkontrollen, die Betrachtung zerfallender DDR-Kommunen und ein begrenztes, für die Jugendlichen aus dem Westen unattraktives Warenangebot des Ostens. Ende der 1980er Jahre durften auch wenige, besonders ausgewählte und überprüfte Jugendliche aus der DDR über das staatliche DDR-Reiseunternehmen „Jugendtourist" in einige westliche Staaten und in die Bundesrepublik reisen.

Hunderttausende Rentner aus der DDR, die jährlich in die Bundesrepublik und nach Westberlin reisen durften, trugen mit ihren Erzählungen über ihre Besuche und auch im besonderen Maße durch die sehnsüchtig erwarteten aus dem „Westen" mitgebrachten Geschenke zu dem Bild einer nicht erreichbaren, fernen Welt bei. Kaugummi, Schokolade, Zigaretten, Bohnenkaffee, Matchbox-Autos, Filzstifte, Nylon-Hemden oder Jeans vermittelten das komprimierte Bild einer anderen Gesellschaft. Dass die Wiesen im Westen grüner und der Himmel blauer sein sollten als im Osten, wurde zwar von den Daheimgebliebenen ungläubig belächelt, passte aber in die Träume vieler Menschen des Ostens. Auch die Erzählungen über die häufig erniedrigenden Grenzkontrollen in der DDR und die gedrückte Stimmung aller Reisenden aus Ost und West kurz vor dem Grenzübertritt prägte das Bild der DDR auch bei vielen jüngeren Menschen in beiden deutschen Staaten.

Nur in genehmigten Sonderfällen durften ostdeutsche Rentner oder die wenigen anderen seitens der DDR genehmigten Reisenden mit einem eigenen Fahrzeug in die BRD bzw. nach Westberlin reisen. Die häufigste Form für die Ausreise gen Westen war die Fahrt mit der Eisenbahn. Die im Grenzsperrgebiet befindlichen hochgesicherten Grenzbahnhöfe glichen einer Festung. Ein dichtes Netz von Angehörigen der Grenztruppen der DDR mit einem Kommandanten bzw. diensthabenden Kontrolloffizier an der Spitze und den Mitarbeitern des Grenzzollamtes (GZA) arbeiteten Seite an Seite mit dem Personal der Deutschen Reichsbahn Tag und Nacht auf diesen Bahnhöfen. Die Kontrollen von Reisenden, Eisenbahnern und anderen Personen

Autobahn Richtung Helmstedt (BRD). Osterreiseverkehr aus Westberlin (hinter dem Kontrollpunkt Dreilinden). Hintergrund links: sowjetisches Panzerdenkmal und Sperranlagen der Grenze, 11.04.1974 (Foto: Landesarchiv Berlin)

sowie von Gütern und Fahrzeugen führten allerdings die Angehörigen der Passkontrolleinheiten des Ministeriums für Staatssicherheit der DDR durch. Diese arbeiteten in den Uniformen der Grenztruppen. Die besonders ausgebildeten und ständig geschulten Angehörigen dieser Sondereinheit des MfS bestimmten, trotz der formalen Diensthoheit des jeweiligen Grenzkommandanten, wie es auf den Grenzbahnhöfen und den anderen Grenzübergangsstellen zur BRD und Westberlin langzugehen hatte. Ein seit 1966 perfektioniertes technisches System durch die Deutsche Reichsbahn (DR) in der DDR und eine Vielzahl interner Regelungen und Kontrollvorschriften ließen eine Flucht über die Schienenwege nahezu unmöglich werden. Selbst die westdeutschen Transitreisenden zwischen der Bundesrepublik und Westberlin, die im Normalfall im Zug nur ihren Pass vorweisen mussten, waren in den meisten Fällen von der erdrückenden Situation der DDR-Grenzbahnhöfe betroffen. Das formale „Wir begrüßen Sie in der Deutschen

Demokratischen Republik" über die blechernen Bahnhofs-
lautsprecher der Grenzbahnhöfe täuschte nicht über die
gespenstische Atmosphäre an und in den Eisenbahnzügen
hinweg, die bestimmt war von Uniformierten mit Bewaffnung und Hunden, Stacheldraht, Zäunen, Mauern und
Wachtürmern.

Neben den Grenzbahnhöfen an der innerdeutschen Grenze,
wie Oebigsfelde, **Marienborn**, Gerstungen oder Probstzella,
war der Bahnhof Friedrichstraße in Ostberlin die Besonderheit eines Grenzbahnhofs im geteilten Deutschland.
Der Binneneisenbahnverkehr der DDR endete bereits vor
dem Mauerbau im Bahnhof Friedrichstraße und wurde
nicht über das Westberliner Territorium geführt. Der eins-
tige Bahnknotenpunkt einer Weltmetropole, in dem sich
auch die S- und U-Bahnstrecken im Herzen von Berlin
trafen, wurde gleich nach dem 13. August 1961 zur perfekt
gesicherten Nahtstelle im deutsch-deutschen Reiseverkehr.
Im Gegensatz zu den anderen Grenzbahnhöfen bestand
der Grenzübergang Friedrichstraße aus zwei durch Sperranlagen getrennten Bereichen, die Ost und West voneinander trennten. Der Bahnhof selber befand sich allerdings
komplett auf Ostberliner Territorium, bis zur Grenze nach
Westberlin waren es immer noch 1,5 Kilometer. Der unter-
irdische Bereich mit den Haltestellen der Berliner S- und
U-Bahn stand nur den Fahrgästen zur Verfügung, die im
Westteil der Stadt die öffentlichen Verkehrsmittel nutzten.
Hier konnte zwischen den Linien umgestiegen werden. Verbunden war der Haltepunkt der westlichen Stadtbahnlini-
en mit der Möglichkeit, in den von der DDR betriebenen
„**Intershops**" zollfreie Waren einzukaufen, so dass sich auch
ein Einkaufstourismus von westlicher Seite im Untergrund
des Bahnhofs entwickelte, ohne dafür offiziell in den Ostteil
der Stadt einreisen zu müssen. In dem Verbindungsgang
zwischen S- und U-Bahn befanden sich auch Dienstüber-
gänge vom Ostabfertigungsbereich zum Westabfertigungs-
bereich für Angehörige des Bahnpersonals mit entspre-
chender Sondergenehmigung. Gleichzeitig wurden diese
Übergänge auch für heimliche Agentenschleusungen oder

Grenzübergang Bahnhof Friedrichstraße, Berlin, Bezirk Mitte,
25.12.1974 (Foto: Landesarchiv Berlin)

Hinweisschild im
Bahnhof Fried-
richstraße (Ostteil),
Berlin, Bezirk
Mitte, April 1985
(Foto: Wolfgang
Kramer)

durch entsprechend legitimierte Personen genutzt. 1976
und 1978 gelangten über diese Schleuse auch die in der
Bundesrepublik steckbrieflich gesuchten Terroristen der
Rote-Armee-Fraktion (RAF) in die DDR. Die oberirdische
Anlage des Grenzbahnhofs war durch eine drei Meter hohe
Barriere aus massivem drahtverstärktem Glas gesichert, die
1982 durch eine bis zum Hallendach reichende Stahlwand
ersetzt wurde. Die Wand trennte den Bereich für die nach
den Westen fahrenden S-Bahnen von dem östlichen Bahn-
steig, hier war im Allgemeinen Schluss für die Reisenden
aus dem Osten. Ein unübersichtliches Gewirr von Gängen,

Ost-Berlin, Touristen stehen an der Absperrung am Ende der Straße „Unter den Linden" und schauen über den Pariser Platz zum abgesperrten Brandenburger Tor nach Westen, 10.07.1970 (Foto: ullstein bild – Mehner)

Treppen und Raumfluchten in einer kaum überschaubaren Anlage führte über ein Zwischengeschoss zu den Grenz-kontrollräumen, überwacht von 140 Videokameras. Mit den entsprechenden Pässen und Papieren ging es durch drei Passkontrollen und die Zollkontrolle, bevor der jeweils andere Teil des Bahnhofs erreicht wurde. Für die von Ost nach West Reisenden war erst nach der Abfahrt der Bahn klar, dass in wenigen Minuten Westberlin erreicht war. 1962

*Grenzübergangsstelle Drewitz-Dreilinden, Potsdam/Berlin, 31. März 1972
(Foto: Bundesarchiv Koblenz/ADN-ZB, Hartmut Reiche, Bild 183-L0331-
0005)*

*Grenzübergang Staaken (Westberlin)/Bezirk Potsdam (DDR), 1988
(Foto: Wolfgang Kramer)*

oben und unten: Grenzübergang Bornholmer Straße, Berlin Bezirk Kreuzberg, 1988 (Foto: Wolfgang Kramer)

wurde ein für damalige Verhältnisse moderner Vorbau zur Grenzabfertigung an den Bahnhof Friedrichstraße angefügt, der als **„Tränenpalast"** in der Bevölkerung bekannt wurde. Die in Ostberlin bereitgestellten Transitzüge für den Transit von Westberlin in die Bundesrepublik waren auf Sondergleisen in Berlin-Rummelsburg abgestellt. Hier wurden sie gereinigt, gewartet und vor allem in einem überaus aufwendigen Verfahren kontrolliert, um eine Flucht von DDR-Bürgern zu unterbinden. Bis zum Bahnhof Friedrichstraße mit gesicherten Türen, unter Bewachung der Transportpolizei (Trapo) und ohne Zwischenstopp überführt, konnten dann die Transitreisenden aus Westberlin im Westteil des Bahnhofes zusteigen. Über das Territorium der DDR hatten alle Transitzüge absoluten Vorrang und durften nur in seltenen Ausnahmefällen zum Stehen kommen. Auf den DDR-Grenzbahnhöfen war ein Ausstieg für die Transitreisenden untersagt.

Neben den Grenzbahnhöfen bildeten vor allem die Grenzübergangsstellen (GÜST), die überwiegend an den Autobahnen lagen, die andere wesentliche Form, um durch die innerdeutsche Grenze bzw. durch die Berliner Mauer kontrolliert hindurchzukommen. Die überwiegend von Transitreisenden zwischen der BRD und Westberlin genutzten Übergangsstellen waren bereits im weiten Vorfeld abgesicherte, monströse Anlagen, die sich im Sperrbereich der Grenze befanden. Eine der meistbefahrenen Autobahngrenzübergänge war die Grenzübergangsstelle Hirschberg/Rudolphstein. 1966 eröffnet, bestand die GÜST bis 1990 und befand sich an der A9, der Hauptverkehrsader zwischen Berlin und Nürnberg/München. Die aus Richtung Berlin in Richtung Bayern Reisenden wurden bereits an der Anschlussstelle Schleiz darauf hingewiesen, dass sich an diesem Punkt die letzte Ausfahrt vor dem Grenzgebiet befand. Das bedeutete für die DDR-Bürger, dass eine Weiterfahrt bereits hier zu Ende war, obwohl es noch über 20 Kilometer Autobahnstrecke auf dem Boden der DDR bis zur Grenze waren. Auf der Autobahn in Höhe der Ortschaft Blintendorf erfolgte eine Kontrolle durch die

*Grenzübergang Oberbaumbrücke, Berlin Bezirke Kreuzberg/
Friedrichshain, 1988 (Foto: Wolfgang Kramer)*

Deutsche Volkspolizei, die eine Befugnis zur Weiterfahrt überprüfte. Spätestens an dieser Stelle wurden DDR-Bürger ohne gültige Papiere für eine Grenzüberschreitung von der Autobahn heruntergeleitet. Den Westberlinern und Bundesdeutschen, wie auch den wenigen DDR-Reisenden, bot sich schließlich nach wenigen Kilometern die große, graue Anlage der GÜST Hirschberg/Rudolphstein mit einem umfangreichen System von Kontrollposten und Grenzsperranlagen. In die Fahrbahn eingelassene Barrieren aus Stahl und Beton auf Schienen gehörten zu den Anlagen, die einen gewaltsamen Durchbruch durch die Grenzanlage verhindern sollten. Bei einer Vorkontrolle mussten die gültigen

Reisedokumente abgegeben werden, die, sofern keine Beanstandungen vorlagen, an einem weiteren Kontrollpunkt zurückgegeben wurden. Die Kontrollen der Dokumente erfolgten durch die Passkontrolleinheit des MfS. Sofern keine weiteren Kontrollen, wie durch den Zoll, stattfanden, erreichten schließlich die Reisenden den Boden Bayerns. In den 1980er Jahren war das moderne Brückenrasthaus über der Autobahn kurz hinter der Grenze gleichsam das optische Tor zum Westen. Für viele Westberliner war die nun folgende Landschaft in Franken eine der beliebten und naheliegenden Urlaubsregionen hinter der innerdeutschen Grenze und führte in den 1970er und 80er Jahren zu einem wirtschaftlichen Aufschwung in Teilen dieser Region.

Auf den Transitstrecken durch die DDR waren den Westberlinern und Bundesdeutschen der Besuch der wenigen Raststätten an der Autobahn, wie z. B. in Michendorf oder am Hermsdorfer Kreuz, möglich. An diesen Punkten befanden sich auch seit den 1970er Jahren ostdeutsche „Intershops", in denen für DM und andere westliche Währungen eingekauft werden konnte. Hier wurden auch die Chancen genutzt, um sich mit Angehörigen und Freunden aus der DDR heimlich zu treffen, natürlich nicht unbeobachtet durch Mitarbeiter des Ministerium für Staatssicherheit der DDR. In den 1980er Jahren entstanden auch wenige Haltepunkte an der DDR-Autobahn, die ausschließlich zur Nutzung durch westliche Transitreisende vorgesehen waren. Diese Haltepunkte, wie z. B. Rodaborn in Thüringen, waren nicht für DDR-Bürger zugelassen. Alle Dienstleistungen, auch der Gang zur Toilette, mussten mit DM oder anderen Devisen bezahlt werden und dienten zur Auffrischung des klammen Devisenhaushaltes der DDR. Die Abweichung von der Transitroute durch die DDR war den Transitreisenden grundsätzlich untersagt.

Trotz der Möglichkeiten, sich auch an den Transitstrecken durch die DDR auf den Autobahnraststätten heimlich mit Bekannten und Verwandten zu treffen oder die DDR zu besuchen, konnten viele Westdeutsche und Westberliner dies nicht wahrnehmen. Bis weit in die 80er Jahre gehörte dazu

Wiedersehen 10 Jahre nach dem Mauerbau: heimliches Treffen am Hermsdorfer Kreuz (Bezirk Gera/Thüringen). Zwei Schwestern mit Familien aus Westberlin und der DDR, 1971 (Foto: Führ)

vor allem der Personenkreis der ehemaligen Flüchtlinge und Aussiedler, die nach 1961 die DDR verlassen hatten. Eine Einreise in den Osten blieb dieser Gruppe häufig verwehrt, und gegebenenfalls mussten ehemalige DDR-Bürger auch mit einer Verhaftung auf dem Boden der DDR rechnen. 1972 lockerte die DDR-Führung zwar diese Bestimmungen, aber eine für beide Seiten relativ unkomplizierte Möglichkeit persönlicher Kontakte mit Freunden und Verwandten blieb ein Treffen in den sozialistischen Staaten, in die auch DDR-Bürger einreisen durften. Besonders beliebt für diese Wiedersehenstreffen waren die Städte Prag, Budapest oder der Plattensee in Ungarn, wo Freunde und Verwandte aus Ost und West gemeinsam Urlaub machen konnten.

Am 17. Oktober 1973 erließ der Chef der Deutschen Volkspolizei eine „Anordnung über Regelungen im Reiseverkehr von Bürgern der DDR". Diese Anordnung und die Anordnung Nr. 2 über Regelungen im Reiseverkehr der DDR vom 14. Juni 1973 bestimmten die Reisemöglichkeiten der DDR-Bürger nach den „nichtsozialistischen Staaten" und Westberlin für die folgenden zehn Jahre. Erstmalig durften außer den Rentnern bzw. privilegierten „Reisekadern" auch andere Bürger einen Reiseantrag in „dringenden Familienangelegenheiten" stellen. Als „dringende Familienangelegenheiten" galten Geburten, Eheschließungen, silberne und goldene Hochzeiten, 60-, 65- und 70-jährige Hochzeitsjubiläen, lebensgefährliche Erkrankungen und Sterbefälle. Entsprechende Unterlagen mussten bei westdeutschen Ämtern eingeholt werden, daher wurden von den in der Bundesrepublik lebenden Angehörigen besorgt und in die DDR geschickt. Die Anträge für die Reisen durften allerdings nur von den in der DDR lebenden Großeltern, Eltern, Kindern und Geschwistern (auch Halbgeschwistern) auf den Volkspolizeikreisämtern gestellt werden. Begleitend zu diesen Anordnungen wurden für die Pass- und Meldeämter der Volkspolizei bis 1989 über 57 interne Dienstvorschriften erarbeitet, die den „Gebrauch" dieser gesetzlichen Bestimmung regeln sollten. Die Mitarbeiter der Abteilungen für das Pass- und Meldewesen wurden u. a. angehalten, mit den Antragstellern ein Gespräch über das Privatleben, die Arbeit und die „gesellschaftliche Tätigkeit" zu führen. Wie in den Dienstvorschriften besonders unterstrichen, war die „Herausarbeitung der Bindung in der DDR" und der persönlichen Lebensumstände ein zentraler Punkt bei der Gewährung bzw. Ablehnung der Reiseanträge. Grundlage für das Genehmigungsverfahren bildete eine formlose Bewilligung der „staatlichen Vorgesetzten" (Betriebsleiter) der DDR-Betriebe und eine Anfrage beim **Abschnittsbevollmächtigten (ABV)** der Volkspolizei. Alle Anträge wurden automatisch zu den Kreisdienststellen des Ministeriums für Staatssicherheit (MfS) weitergeleitet, deren Mitarbeiter letztendlich selbst positive Entscheidungen des Volkspolizeikreisamtes (VPKA) kippen konnten, sofern der Antragsteller nicht in ein vorgegebenes Raster passte. Seitens des VPKA wurde im Ablehnungsfall keine Erklärung gegeben. Die Nichtrückkehr von Bürgern der DDR nach einer genehmigten Auslandreise in die BRD, nach Westberlin oder in das nichtsozialistische Ausland hatte eine intensive Aufarbeitung in den entsprechenden Behörden zur Folge. Gegen den ehemaligen Bürger der DDR wurde zunächst ein Ermittlungsverfahren gemäß § 213 (ungesetzlicher

Grenzübertritt) eingeleitet, das allerdings zumeist eingestellt wurde. Das Vergehen wurde vermerkt und schloss den Betreffenden von einer Einreise in die DDR für unbestimmte Zeit aus, Verwandte des Betroffenen erhielten bei später gestellten Reiseanträgen zumeist eine Ablehnung.

„10. Grundsätze für die Überprüfung und Entscheidung
von Anträgen zum Überschreiten der Staatsgrenze der DDR
10.1. Allgemeine Grundsätze
10.1.1. Entscheidungen über Reiseanträge sind politische Entscheidungen, die eine hohe Wachsamkeit erfordern und den Sicherheitsinteressen der DDR entsprechen müssen.
Bei der Entscheidung von Anträgen ist immer davon auszugehen, zu welchem Zweck die Reise durchgeführt werden soll und ob der Reisende die Gewähr bietet, die DDR außerhalb der DDR würdig zu vertreten bzw. sein Aufenthalt in der DDR nicht den Interessen unseres Staats zuwiderläuft."

Dienstvorschrift der Deutschen Volkspolizei
in der DDR 40/1974

In der „Anordnung über Regelungen im Reiseverkehr von Bürgern der DDR" vom 15. Februar 1982 wurden die Möglichkeiten für „dringende Familienangelegenheiten" um Jugendweihen, Konfirmationen, Erstkommunionen und Geburtstage (60., 65., 70., 75. und jeder weitere Geburtstag) erweitert. Diese Anordnung hatte bis zum 31. Dezember 1988 Bestand. Die vorletzte Reiseanordnung der DDR führte zu einem sprunghaften Anstieg der Besuchsreisen in „dringenden Familienangelegenheiten" von DDR-Bürgern in Zeiten einer hermetisch geschlossenen Grenze. So gab es im Bezirk Magdeburg im Jahr 1987 über 90 000 genehmigte Reisen in dringenden Familienangelegenheiten und im ersten Halbjahr 1988 bereits über 52 000 genehmigte Besuchsreisen. Zum damaligen Zeitpunkt wohnten im Bezirk Magdeburg 1,25 Mill. Menschen. In diesem Zeitraum wurden 7 000 Anträge nicht angenommen und 8 000 Anträge abgelehnt. Immerhin wurden damit 83,2% der Reiseanträge in diesem DDR-Bezirk genehmigt. Nur 92 Personen kehrten im Bezirk Magdeburg im ersten Halbjahr 1988 von der Reise nicht mehr zurück, das entsprach einem Anteil von 0,18%.

Da es bis zum 31. Dezember 1988 für die Antragstellenden keine rechtliche Grundlage gab, die ablehnenden Bescheide der Volkspolizeikreisämter juristisch anzufechten, gab es nur wenige Möglichkeiten, sich gegen die Entscheidungen zu wenden. Besonders in den 1980er Jahren machten allerdings die Antragsteller, deren Reise abgelehnt worden war, vom Recht der Einsprüche und „Eingaben" an verschiedene Behörden, Institutionen und Organisationen bis hin zum Parteichef der SED und Staatsratsvorsitzenden der DDR Gebrauch. So wurden 1987 im Bezirk Magdeburg 2147 Einsprüche registriert, eine Zahl, die sich bereits im nachfolgenden Jahr mehr als verdoppelte. Nur jeder 10. Einspruch wurde positiv im Sinne des Antragstellers beschieden. Am 30. November 1988 wurde die „Verordnung über Reisen von Bürgern der Deutschen Demokratischen Republik nach dem Ausland" erlassen und trat am 1. Januar 1989 in Kraft. Diese Verordnung war die letzte Reiseregelung für die Bürger der DDR vor dem Fall der Berliner Mauer und der innerdeutschen Grenze. Die Reiseverordnung war letztendlich dem Druck der enorm gestiegenen Zahl von Ausreiseanträgen in der DDR und der allgemeinen Stimmungslage in großen Teilen der Bevölkerung geschuldet. Neu war u. a. die Möglichkeit, auch ohne Reiseanlass einen Reisepass der DDR zu beantragen, die Zusammenfassung aller Reisekategorien einschließlich der ständigen Ausreise aus der DDR, eine Erweiterung des Personenkreises, die einen Antrag stellen durften und vor allem die Möglichkeit, Versagungsgründe zu erfahren sowie Rechtsmittel auf gesetzlicher Grundlage einlegen zu können. Die letzte Reiseverordnung löste eine Flut von Reiseanträgen in die BRD und nach Westberlin aus. Das letzte Ventil des bereits vom Untergang gezeichneten Staates DDR wurde zu spät geöffnet.

Während der deutschen Teilung waren die familiären und freundschaftlichen Kontakte ein wesentliches Element für

Briefmarke der DDR zum 25. Jubiläum des Mauerbaus 1986 (Foto: Führ)

den Bestand eines deutschen Gemeinschaftsgefühls und ein verbindlicher Halt über die Grenzen hinweg. Bereits seit 1952 waren die verwandtschaftlichen Begegnungen zwischen Ost und West nur noch eingeschränkt möglich. Nur die Bundesbürger und Westberliner konnten die DDR ohne größere Probleme besuchen. Nahezu uneingeschränkt war bis zum August 1961 für die DDR-Bürger und die Ostberliner der Zugang zu Westberlin. Bis 1961 gab es aber auch die Möglichkeit für DDR-Bürger, wegen wirtschaftlicher Kontakte, Tagungen, Weiterbildungen, Veranstaltungen oder Sportwettkämpfen nach Westdeutschland zu reisen. Voraussetzung dafür waren nach entsprechenden Anträgen eine positiv bescheinigte Genehmigung durch die DDR-Behörden. Stabile Kontakte zwischen Verwandten und Bekannten in Ost und West bestanden vor allem auf dem Postweg. Über Briefe und Postkarten wurden die Neuigkeiten ausgetauscht, Fotos geschickt und ab und an DM der Bundesrepublik in die DDR gesendet. Bald hatte es sich herumgesprochen, dass seitens der DDR-Behörden das Briefgeheimnis gebrochen wurde und auch Geld in vielen Fällen aus den Umschlägen entnommen wurde. Trotz der Teilung entstanden auch zahlreiche neue Brieffreundschaften zwischen Ost und West, häufig auch vermittelt durch kirchliche Organisationen. Gemeinsame Hobbys, wie die in beiden Teilen Deutschlands sehr verbreitete Philatelie, führten über die Briefmarkentauschkontakte auch zu engeren Freundschaften. Der DDR-Briefmarkensammler sammelte zumeist Marken der BRD und von Westberlin, während der bundesdeutsche Sammler die Briefmarken der DDR im Tausch erhielt.

Gemeinsame Sportveranstaltungen und Sportwettkämpfe, auch von kleineren Sportvereinen, verbanden die Menschen in beiden deutschen Staaten über die Grenzen hinweg und gehörten in den 1950er Jahren noch zum Alltag zwischen Ost und West. Die politischen Vereinnahmungsversuche deutsch-deutscher Sportveranstaltungen durch DDR-Sportfunktionäre führte allerdings zu zeitweiligen Rückschlägen. Nach dem Bau der Berliner Mauer 1961 sank die Zahl der sportlichen Begegnungen auf ein Minimum. Nur im Leistungssport gelang es der Staatsführung der DDR, den Sport als Kampf der Systeme zu missbrauchen. Die „DDR-Diplomaten im Trainingsanzug" mussten allerdings seit 1956 vorerst noch mit ihren westdeutschen Sportkameraden bei den Olympischen Spielen in einer gemeinsamen Mannschaft antreten. Erst im Oktober 1968 erfolgte die endgültige Anerkennung des Nationalen Olympischen Komitees der DDR durch das Internationale Olympische Komitee (IOC), so dass ab 1972 beide deutsche Staaten mit einer eigenen Mannschaft an den Start gingen. Der staatlich im besonderen Maße geförderte Leistungssport wurde in den 1970er/80er Jahren das Aushängeschild der DDR. Private Kontakte zu westdeutschen Sportlern waren allerdings unerwünscht und besonders sensibel reagierten die DDR-Oberen, wenn die einst geförderten und gehätschelten namhaften Sportler und Trainer der DDR bei Sportveranstaltungen im Westen blieben. Die auf dem Gebiet des DDR-Leistungssports errungenen Erfolge stärkten durchaus das Identitätsgefühl eines Teiles der DDR-Bevölkerung. Trotzdem führte das für die vielen Sportbegeisterten in der DDR nicht dazu, den Sport im Westen Deutschlands nicht wahrzunehmen. So waren die Arbeiter an den Maschinen in den „Volkseigenen Betrieben" oft besser über die Ergebnisse der Fußball-Bundesliga informiert als über den Fußball in der DDR-Oberliga. Über die Siege bundesdeutscher Sportler wurde am Radio und vorm Fernsehapparat gejubelt ebenso wie bei den zugänglichen internationalen Wettkämpfen, an denen westdeutsche Sportler beteiligt waren.

Nicht nur die Sportveranstaltungen aus dem Westen wurden in die Radios, die damals aufkommenden modernen Kofferradios und in die Fernsehapparate des Ostens übertragen. Die elektronischen Medien des Westens sollten die entscheidende Klammer im geteilten Deutschland werden. Die Wellen der Sender aus Westeuropa und Westberlin machten keinen Halt vor dem Grenzsystem der DDR. Eine massive Propaganda der SED- und Staatsführung der DDR besonders in den 1950er/60er Jahren gegen den Empfang westlicher Medien blieben ebenso wie Störsender, Verbote und die berüchtigte „Aktion Ochsenkopf" im Herbst 1961 ohne Wirkung. Bei der letztgenannten Aktion zerstörten Mitglieder der DDR-Jugendorganisation FDJ in Richtung des bayerischen Fernsehstrahlers auf dem Ochsenkopf ausgerichtete Antennen von Privatpersonen in verschiedenen Gebieten der DDR. Die gleichgeschaltete, zensierte und zentral gelenkte Medienlandschaft der DDR hatte wenig gegen die vielfältige westliche Medienwelt auszurichten. Zwar wurden auch im Osten wie im Westen verschiedene Sendungen der DDR-Medien verfolgt, die Einschaltquoten lagen aber oft bei einem Minimum. Eine besonders große Rolle spielten vor allem westliche Radiostationen, die aktuelle westeuropäische und amerikanische Musik ausstrahlten. Radiosender wie Radio Luxemburg, der englische Sender BBC, der Deutschlandfunk oder der Saarländische Rundfunk, von einfachen Mittelwellensendern ausgestrahlt, waren ebenso beliebt wie Sendungen des Norddeutschen Rundfunks, des Senders Freies Berlin (SFB) oder der von den DDR-Oberen besonders gehasste Rundfunk im Amerikanischen Sektor (**RIAS**) auf der modernen Ultra-Kurzwelle. Die internationale westliche Musikkultur, die auch in der westlichen Welt Ausdruck eines völlig veränderten neuen Lebensgefühls vor allem für die junge Generation war, wurde zu der wichtigsten Kulturwahrnehmung für die heranwachsenden Nachkriegsgenerationen in der DDR über die Grenzen hinweg. Rock´n Roll oder die Pop-Musik der 60er bis 80er Jahre wie auch die westdeutsche Schlagermusik bestimmten im entscheidenden Maße das Musik- und allgemeine Kulturbild der meisten jüngeren Menschen im Osten Deutschlands. Ob Unterhaltungssendungen oder Nachrichten, Kriminalfilme, politische Journale oder Sportsendungen, die Medienhoheit des Westens auf dem Boden der DDR war eine nicht zu ignorierende Tatsache. Das führte auch zu dem für viele Bürger der DDR typischen Phänomen eines Lebens in zwei Welten: Während der Arbeit oder beim Einkauf in der realen DDR und am Abend in einer medial gefilterten, westlichen Welt, unabhängig von Mauer und Stacheldraht.

Der Kulturaustausch zwischen den beiden deutschen Staaten, auch in den 1950er Jahren noch von einer gewissen Normalität geprägt und in verschiedenen gemeinsamen, offiziellen Projekten und durch rege private oder auch kirchliche Kontakte getragen, erreichte nach dem Bau der Mauer einen deutlichen Niedergang und begann sich erst in den 1970er/80er Jahren zu erholen. Prominente Künstler und „Kulturschaffende" der DDR durften seit den 1970er Jahren in einigen wenigen Fällen auch wieder in der Bundesrepublik bzw. in Westberlin auftreten und arbeiten, wenige Künstler erhielten seitens der DDR ein Dauervisum für die BRD ausgestellt. Westliche Künstler traten besonders in den 1980er Jahren in Konzerten und Veranstaltungen in der DDR auf. Kritische Einstellungen gegenüber der DDR durch westdeutsche Künstler wurden allerdings durch die „DDR-Organe" mit einem Auftrittsverbot geahndet. Vor allem die Zusammenarbeit zwischen den Museen, in der Theaterlandschaft, zwischen den Schriftstellerverbänden oder im Bereich von Musik und Film führte zu offiziellen Kontakten und zu gemeinsamer Arbeit zwischen Ost und West. Die seitens der DDR-Behörden 1976 veranlasste Ausbürgerung des Künstlers Wolf Biermann, der sich auf einer Tournee im Westen befand, hatte nicht nur weitreichende Folgen für den „Kulturbetrieb" in der DDR. Der bis zu seiner Ausbürgerung nur einem

20 Jahre Rias, Veranstaltung in der Deutschlandhalle in Westberlin,
26.02.1966 (Foto: Landesarchiv Berlin/Karl-Heinz Schubert)

kleineren Intellektuellen- und Künstlerkreis in der DDR
als kritischer „Liedermacher" bekannte Biermann wurde
schlagartig zum Fanal. Neben allen bisher bekannten
Schikanen hatte die DDR-Führung offensichtlich ein
letztes Register gezogen, um plötzlich seine Bürger nicht
mehr per Grenze im Lande einzusperren, sondern sich
nach entsprechendem Unbeliebtheitsfaktor von einem
Bürger des Landes per Erlass zu trennen. Die folgende
Ausreisewelle prominenter DDR-Künstler in den Westen,
wie der Schauspielerin Angelica Domröse und Manfred
Krug oder der Schriftsteller Sarah Kirsch, erreichte einen
enorm hohen Aufmerksamkeitswert in der DDR-Bevölkerung. Bisher dem System DDR nahestehende
Menschen bekamen nun auch erhebliche Zweifel an
„ihrem" Staat. 1986 wurde zwischen beiden Staaten ein
Kulturabkommen abgeschlossen, in dem kurz- und mittel-
fristige Ziele in der kulturellen Zusammenarbeit ver-

bindlich vereinbart wurden. Damit war eine überwiegend vom wechselhaften Willen der DDR beeinflusste, planlos wirkende kulturelle Zusammenarbeit zwar beendet, außerhalb des Kulturabkommens blieben in den letzten Jahren der deutschen Teilung aber nur in geringfügigem Maße zusätzliche Regelungen im Kulturbetrieb möglich.

Eine besondere Rolle im Leben der DDR-Bürger spielte das **Westpaket**. Waren es in den 1950er/1960er Jahren vor allem Lebensmittel wie Butter oder Hülsenfrüchte und einige sogenannte Luxusartikel wie Zigaretten, Kaugummis, Schokolade, Kaffee oder Kakao beinhaltete das Westpaket ab den 1970er Jahren auch zunehmend eine breitere Palette des westdeutschen Warenangebots. Besonders beliebt in der DDR waren vor allem modische Textilien wie Jeans oder Strumpfhosen, Drogerieartikel, Spielzeug, Backzutaten oder Südfrüchte, die in der Planwirtschaft des Ostens Mangelware waren. Ersehnte Tonträger mit moderner Musik wie auch Bücher und Zeitschriften wurden nur in eingeschränktem Maße seitens

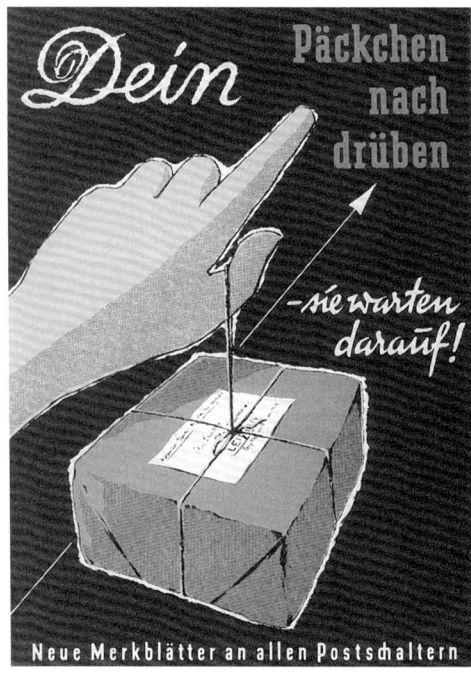

Merkblatt für Postkunden in der Bundesrepublik. 1950er/60er Jahre (Foto: Führ)

Neu aufgestellte Telefonzellen. Sektorengrenze in Westberlin am Brandenburger Tor, Berlin, Bezirk Tiergarten, Straße des 17. Juni, 23.12.1959 (Foto: Landesarchiv Berlin/Gert Schütz)

der DDR-Behörden zur Einfuhr zugelassen und häufig, meist ohne Angaben von Gründen, durch den DDR-Zoll einbehalten. Die Paketsendungen in die DDR waren ein wichtiger Wirtschaftsfaktor für viele Ostdeutsche, die das Glück hatten, Verwandte oder Bekannte im anderen Teil Deutschlands zu haben. Diese Tatsache wurde letztendlich auch von der DDR-Führung in das Kalkül gezogen. Besonders die westdeutschen Kirchen und viele ihrer Gemeindemitglieder waren bemüht, eine gewisse Not in Schwestergemeinden in der DDR zu lindern. Im Gegenzug schickten die Menschen aus dem Osten vor allem zur Weihnachtszeit Pakete in den Westen, die aus dem sehr begrenzten Warenangebot bestückt waren und oft mit einem erheblichen Aufwand zusammengetragen wurden.

Mussten in den 1950er/60er Jahren die Telefonate zwischen den meisten Orten in Ost und West noch über eine zentrale Vermittlungsstelle verbunden werden, entwickelte sich das beide deutsche Teile übergreifende Telefonnetz mit Direktwahlmöglichkeiten nur sehr schleppend. Da bis zum Fall der Mauer 1989 auch nur ein geringer Prozentsatz der Einwohner in der DDR über einen privaten Telefonanschluss verfügte, waren Telefonate nur im begrenzten Umfang möglich. Ein „Knacken" in der Telefonleitung ließ auch hier beide Fernsprechteilnehmer spüren, dass „Dritte" in vielen Fällen mithörten. Verschiedene Personengruppen, wie z. B. Militärangehörige oder höherrangige Bedienstete im öffentlichen Dienst aus beiden deutschen Staaten, durften allerdings generell keine Kontakte zur jeweils anderen Seite haben. Im Jahre 1986 waren schließlich 1106 von 1500 Ortsnetzen der DDR im Direktwahlverkehr mit der BRD verbunden.

Seit den 1950er Jahren hatte sich in Westeuropa mit Städtepartnerschaften aus unterschiedlichen Ländern eine Form zwischenstaatlicher Zusammenarbeit auf kommunaler Ebene entwickelt, die zu mehr oder weniger stabilen internationalen Partnerschaften führten. Abhängig waren diese Städtepartnerschaften vom Engagement der beteiligten Seiten. Die junge Bundesrepublik hatte sich in dieser Zeit überwiegend auf westeuropäische Städtepartnerschaften, zumeist in Frankreich, orientiert. Eine vertragliche Städtepartnerschaft mit Städten in der DDR wäre eine Art Anerkennung der staatlichen Existenz der DDR gewesen und stand damit nicht zur Debatte. Erst nach einer massiven Wende in der Politik durch die sozialliberale Koalition der Bundesregierung in den 1970er Jahren begann auch ein Umdenken auf diesem Gebiet. Seitens der Bundesrepublik vorgetragene Wünsche zur Aufnahme von Städtepartnerschaften in der DDR wurden allerdings abgewiesen oder blieben ohne Antwort. Erst am 25. April 1986 wurde schließlich ein Städtepartnerschaftsvertrag zwischen dem saarländischen Saarlouis und dem nahe der Oder-Neiße-Grenze befindlichen Eisenhüttenstadt abgeschlossen. Vorausgegangen waren Gespräche des Partei-

und Staatschefs Erich Honecker, der aus dem Saarland stammte, mit dem Ministerpräsidenten des Saarlandes, Oskar Lafontaine. Daraufhin setzte eine Flut von Anträgen auf eine Partnerschaft aus beiden deutschen Staaten ein. Seitens der DDR wurde die Auswahl der Partnerschaften allerdings in einer oft nicht verständlichen Weise beeinflusst und natürlich jedes Detail der Partnerschaftsverträge ausgearbeitet. Spontane Beziehungen wie auch die Reisemöglichkeit für „normale" DDR-Bürger im Rahmen der Städtepartnerschaft waren so gut wie nicht gegeben. So beschränkte sich der Austausch von Städtedelegationen seitens der DDR zumeist nur auf Funktionäre und auf staatliche Amtsinhaber.

„Wir Deutschen sind ein Volk und eine Nation. Wir fühlen uns zusammengehörig, weil wir dieselbe Geschichte durchlebt haben. Auch den 8. Mai 1945 haben wir als gemeinsames Schicksal unseres Volkes erlebt. Wir fühlen uns zusammengehörig in unserem Willen zum Frieden. Von deutschem Boden in beiden Staaten sollen Frieden und gute Nachbarschaft mit allen Ländern ausgehen. Auch andere sollen ihn nicht zur Gefahr für den Frieden werden lassen. Die Menschen in Deutschland wollen gemeinsam Frieden, der Gerechtigkeit und Menschenrecht für alle Völker einschließt, auch für das unsrige. Nicht ein Europa der Mauern kann sich über Grenzen hinweg versöhnen, sondern ein Kontinent, der seinen Grenzen das Trennende nimmt."

Bundespräsident Richard von Weizsäcker
am 8. Mai 1985 im Bundestag

FLUCHT, ÜBERSIEDLUNG UND AUSREISE VON OST NACH WEST

In den knapp 41 Jahren ihres Bestehens verließen etwa 3,8 Millionen Menschen die DDR, eine Zahl, die über der Einwohnerzahl der Bundeshauptstadt Berlin bzw. etwas unter der Einwohnerzahl des einwohnerstärksten ostdeutschen Bundeslandes, dem Freistaat Sachsen, liegt. Der Großteil dieser Menschen, die oft unter Zurücklassung aller Habseligkeiten ihre Heimat verließen, waren Übersiedler, die zumeist „illegal" und ab 1957 unter Strafandrohung für das Delikt „Republikflucht" die DDR verließen. War diese Übersiedlung bis 1952 noch nahezu über alle Grenzabschnitte der DDR zur BRD und nach Westberlin möglich, erfolgten die meisten Fluchten bis zum 13. August 1961 über die offenen Sektorengrenzen in Berlin, überwiegend mit der Berliner S- oder U-Bahn. Im Volksmund hieß das „rübermachen" oder „abhauen". Nur die Bevölkerungsgruppe der Rentner und Invalidenrentner in der DDR durfte mit offizieller staatlicher Genehmigung zu fast allen Zeiten der deutschen Teilung in den „Westen" ausreisen bzw. übersiedeln und damit die Rentenkasse und den angespannten Wohnungsmarkt der DDR entlasten. In den 1970er/1980er Jahren waren es schließlich auch zahlreiche, überwiegend junge Bürger der DDR, die infolge eines „Ausreiseantrages" der DDR den Rücken kehrten. Immer wieder und nicht immer vom Erfolg gekrönt, versuchten Menschen aus der DDR über die todbringenden Sperranlagen der Grenze zu flüchten. Ab dem Spätsommer 1989 verließen Hunderttausende Menschen die DDR über Drittländer, wie über die ČSSR und die Volksrepublik Ungarn. Mit dem Fall der Mauer und der Auflösung der innerdeutschen Grenze nach dem 9. November 1989 kehrten bis zur Wiedervereinigung der beiden deutschen Staaten am 3. Oktober 1990 noch einmal Hunderttausende ihrem Staat den Rücken.

Bundesnotaufnahmelager Marienfelde, Berlin, Bezirk Tempelhof, Marienfelder Allee, 4. 9. 1958 (Foto: Landesarchiv Berlin/Gert Schütz)

Die Gründe für die Übersiedlung bzw. Flucht in die BRD und nach Westberlin waren überaus vielfältig. Die Mehrheit der DDR-Bürger hoffte auf bessere Lebensbedingungen und sah im westdeutschen System vor allem den Glanz der rasanten wirtschaftlichen Entwicklung in einer sozialen Marktwirtschaft, die am deutlichsten durch das westdeutsche „**Wirtschaftswunder**" in den 1950er/1960er Jahren zum Tragen kam. Eine große Rolle spielte aber auch die Unzufriedenheit mit den politischen Verhältnissen in der DDR, in einem aufgebürdeten System, das von der Besatzungsmacht UdSSR übertragen worden war und zu einer zunehmenden Bevormundung, einer Einschränkung der persönlichen Freiheit, einer Ideologisierung aller Lebensbereiche sowie durch staatliche Zwangsmaßnahmen und Repressalien gekennzeichnet war. Besonders kontraproduktiv wirkte sich auch die seitens der DDR geführte Agitation und Propaganda aus, die in den meisten Fällen nichts mit der Wirklichkeit zu tun hatte. Natürlich spielten auch Familienzusammenführungen eine wichtige Rolle für eine Übersiedlung in die BRD und nach Westberlin. Unter diesem Aspekt kam es auch zu Übersiedlungen von West nach Ost, ebenso wie es natürlich auch Menschen gab, die sich der allgemeinen Gesetzgebung des jeweiligen Staates entzogen. Immerhin zogen in der Zeit der deutschen Teilung auch etwa 500 000 Bürger aus den westlichen Besatzungszonen bzw. der BRD und Westberlin in die SBZ bzw. DDR. Höhepunkte der Flüchtlingswellen von Ost nach West war vor allem das Jahr 1953, in dem bedingt durch die Ereignisse des 17. Juni 1953 rund 331 390 Menschen die DDR verließen, das Jahr 1956 mit 279 189 offiziell registrierten Übersiedlern und das Jahr 1961, als bis zur Mitte des Jahres bereits 159 730 in den Westen geflüchtet waren. Fast die Hälfte der Übersiedler hatte ein Alter von unter 25 Jahren.

Die Flüchtlinge, Vertriebenen und Übersiedler, zu denen auch Millionen Deutsche aus den ehemaligen deutschen Ostgebieten gehörten, mussten zum überwiegenden Teil in die Grenzdurchgangslager der Amerikanischen und Britischen Besatzungszonen oder wurden in der SBZ über kommunale Einrichtungen direkt eingegliedert. In der Französischen Besatzungszone wurden in der Nachkriegszeit kaum Flüchtlinge und Übersiedler aufgenommen. Immerhin betrug der Anteil der aus den ehemaligen deutschen Ostgebieten Kommenden, die in der SBZ blieben, knapp 25 % dieser großen Flüchtlingsgruppe, die im Ostteil Deutschland politisch diskret als „Umsiedler", im Westen als „Vertriebene" oder „Ostflüchtlinge" bezeichnet wurden. Ein Teil von ihnen sollte später auch in Richtung Westen weiterziehen. Die aus der SBZ gen Westen gegangenen Menschen mussten ebenfalls die Grenzdurchgangslager durchlaufen, sofern sie nicht bei Verwandten und Bekannten in den Westzonen unterkamen. Nach der Gründung der beiden deutschen Staaten 1949 regelte ein Notaufnahmeverfahren die rechtliche und soziale Eingliederung von Flüchtlingen aus der DDR. Das Aufnahmeverfahren wurde im Notaufnahmegesetz der Bundesrepublik vom 22. August 1950 bestimmt. Ein Aufnahmeausschuss entschied nach der Anhörung der Flüchtlinge und Übersiedler, ob die Gründe

Laufzettel für das Notaufnahmeverfahren, Bundesnotaufnahmelager Berlin-Marienfelde, Januar 1961 (Foto: Führ)

für die Erteilung einer Erlaubnis zum Verbleiben in Westdeutschland vorlagen. Annahmegründe waren u. a. politische Gründe, drohende Gefahr für Leib und Leben oder eine nachgewiesene Einschränkung von Freiheitsrechten. Auch wenn diese Gründe nicht vorlagen, durften Flüchtlinge aus der DDR bleiben, da sie nach dem bundesdeutschen Grundgesetz als Deutsche galten, sie erhielten aber keine wirtschaftlichen Vergünstigungen. In Westberlin, wo die meisten Flüchtlinge und Übersiedler eintrafen, wurde das Notaufnahmelager Berlin-Marienfelde ab dem 14. April 1953 der zentrale Ort für die meisten Notaufnahmeverfahren bis zum Ende der 1980er Jahre. Das Verfahren umfasste 13 Stationen und schloss auch eine medizinische Untersuchung ein. Eine Besonderheit in Westberlin war eine Befragung der männlichen Antragsteller durch die drei Westalliierten. Nach positivem Verlauf wurden die meisten Neuankömmlinge in die BRD ausgeflogen und über einen Verteilerschlüssel auf die verschiedenen Bundesländer verteilt. Das Notaufnahmelager in Gießen (ab 1950) war der zentrale Anlaufpunkt für

DDR-Flüchtlinge in der BRD. Die große Zahl der über Ungarn und Österreich Geflüchteten und der nach den Botschaftsbesetzungen in Warschau, Prag und Budapest in den Westen ausgereisten ehemaligen Bürger der DDR durchlief hier 1989 das Notaufnahmeverfahren. Nach der Öffnung der innerdeutschen Grenze erlebte das Bundesnotaufnahmelager Gießen den größten Ansturm von DDR-Aussiedlern.

Ein besonderes Kapitel bildeten die zahlreichen individuellen Fluchtgeschichten, die ein Spiegelbild von Wagemut, Phantasie, Verzweiflung, Erfindungsreichtum, von Glück und furchtbarem Unglück wiedergeben. Seit der Schließung der innerdeutschen Grenze im Jahre 1952 war zumindest der Übergang über die ehemalige „Grüne Grenze" bereits ein schwieriges Unterfangen geworden, auch wenn die Möglichkeiten einer Flucht in den Westen noch relativ breit gefächert waren. Die Flucht eines großen Teiles der Dorfbewohner von Bösekendorf im Eichsfeld über die innerdeutsche Grenze nach Niedersachsen über verschiedene Zeitabstände sorgte weit über die Region hinaus für Aufsehen. Bereits im Juli 1952 waren drei Familien mit ihrem Vieh über die Grenze gezogen. Nach dem Mauerbau in Berlin und einer weiteren Verschärfung des Systems an der innerdeutschen Grenze gelang schließlich im Oktober 1961 einer Gruppe von 53 Einwohnern des Dorfes die Flucht mit einem Pferdegespann. Jeder der Flüchtlinge durfte einen Sack mit Habseligkeiten mitnehmen, hinter denen sich die Kinder und Frauen der 14 Familien schützend verbargen. Die Massenflucht blieb vorerst unbemerkt, die Flüchtenden gelangten sicher nach Niedersachsen. Im Februar 1963 flüchtete schließlich eine weitere Gruppe des Dorfes von 12 Personen unter Führung eines Unteroffiziers der Grenztruppen der NVA durch das inzwischen angelegte Minenfeld.

Gelang nach der Grenzschließung in Berlin ab dem 13. August bis zum Jahresende 1961 noch 8 507 Menschen die Flucht, waren es 1966 nur noch insgesamt 1 736 Flüchtlinge, die an der innerdeutschen Grenze und in Berlin die

Eine Gruppe von Flüchtlingen überwindet die Grenzbefestigungen an der Bezirksgrenze Pankow (Ost-Berlin)/Reinickendorf (West-Berlin). Nach Auskunft des Fotografen wurde die Gruppe im Westen erwartet; die anwesenden DDR-Grenzsoldaten griffen bei der Flucht nicht ein. September 1961 (Foto: ullstein bild – Männling)

Sperranlagen in Richtung Westen überwinden konnten. Der immer perfektere technische Ausbau der Grenzsperranlagen, die verbesserte Ausbildung und Strukturierung der Grenztruppen der DDR sowie das Zusammenwirken mit der Volkspolizei und den freiwilligen Grenzhelfern im Hinterland der Grenze spielten dabei eine nicht unwesentliche Rolle. Eine DDR-interne „Geheime Verschlusssache" mit dem Titel „Übersicht versuchte und erfolgte Grenzdurchbrüche über die Grenzsicherungsanlagen (01.12.74 – 31.05.82)" enthält interessante Zahlen. So wurden 7282 Festnahmen von „Grenzverletzern" in diesem Zeitraum registriert, davon erfolgten durch die Volkspolizei 5882 und durch die Grenztruppen der DDR 1087 Festnahmen. Nach den Angaben auf diesem Dokument waren nur noch 313 **Grenzdurchbrüche** von Flüchtenden aus der DDR in diesem Zeitraum gelungen.

In den ersten Wochen nach der Abschottung der Berliner Sektorengrenze nach Westberlin versuchten viele Menschen

noch den direkten Weg über die provisorischen Grenzsperranlagen, durch Stacheldrahtverhaue, über einfache
Zäune und über die Wasserwege Berlins. Jeder Fluchtversuch an der innerdeutschen Grenze und in Berlin führte al-
lerdings auch zu einer verstärkten Sicherung des ent-
sprechenden Abschnittes des „Grenzdurchbruchs", un-
abhängig vom weiteren allgemeinen Ausbau der Sperr-
anlagen. Aufsehenerregend und auch in den internationalen
Medien schnell verbreitet, waren die dramatischen Fluchten
Berliner Bürger aus den Fenstern ihrer Wohnhäuser, deren
Außenwände direkt an der Grenze verliefen (Abb. S. 64/65).
Vor allem durch Filmaufnahmen wurden die Sprünge von
Frauen und Männern aus verschiedenen Stockwerken ihrer
Häuser, z. B. in der **Bernauer Straße**, kurz nach der
Schließung der Grenze bekannt. Die Bevölkerung wie auch
die Behörden von Westberlin versuchten dabei, den in
Lebensgefahr befindlichen Menschen aus dem Osten der
Stadt zu helfen, indem sie z. B. Sprungtücher aufhielten
(Abb. S. 63).

In Berlin begann bereits wenige Monate nach dem Beginn
des Mauerbaus die große Zeit der Tunnelbauer, die unter
meist spektakulären Umständen auch größeren Menschen-
gruppen aus Ostberlin die Flucht in den Westteil der Stadt
ermöglichten. Bereits im Januar 1962 gelang die erste große
Tunnelflucht in der Oranienburger Chaussee, an der 28 Personen beteiligt waren. Weitere aufwendige Tunnelgrabungen
von Ost nach West folgten und wurden schließlich auch
von West nach Ost vorangetrieben. Der spektakulärste Fall
war ein über 150 Meter langer Tunnel von der Bernauer
Straße in Westberlin unter einem Gebäude in der Schön-
holzer Straße im Ostteil der Stadt. Zeitweilig wurde dieser
Tunnelbau von über 40 Helfern rund um die Uhr berg-
männisch vorangetrieben. Nach vielen Schwierigkeiten war
das Unternehmen Anfang September 1962 geschafft. Am
14. September konnten schließlich 29 Menschen, darunter
auch zwei Kleinstkinder, überglücklich den Westteil der
Stadt erreichen, live gefilmt von der amerikanischen
Fernsehgesellschaft NBC, die in das spektakuläre Ereignis

Ein Bild, das um die Welt ging! Unteroffizier Conrad Schumann, der an der Bernauer Straße als Wachposten eingesetzt war, wagte den Sprung über den Stacheldrahtzaun, Berlin, Bezirk Mitte/Bezirk Wedding, 15. August 1961 (Foto: ullstein bild – Peter Leibing)

eingeweiht worden war und Geld bereitgestellt hatte. Die Berichte des US-Fernsehens lieferten emotionale Bilder und stellten das unmenschliche Grenzsystem der DDR bloß. Bald sollten auch westdeutsche Medien und private Finanziers den Tunnelbau an der Berliner Grenze massiv unterstützen. Einer der umtriebigsten Tunnelbauer wurde der Westberliner Wolfgang Fuchs (1939–2001), der als „Tunnel-Fuchs" in den Medien bekannt wurde und mit Hilfe von Studenten der Technischen Universität in Westberlin zahlreiche Fluchttunnel bauen ließ. Zunehmend verstärkten die Grenztruppen der DDR, das Ministerium für Staatssicherheit und die Volkspolizei in Ostberlin ihre Anstrengungen, um dem Tunnelbau Einhalt zu gebieten.

Nachdem schließlich ein Fluchttunnel in der Strelitzer Straße von DDR-Grenzsoldaten entdeckt worden war, kam es im Oktober 1964 zu einem Schusswechsel zwischen den Soldaten und den Westberliner Fluchthelfern, bei dem der DDR-Grenzsoldat Egon Schultz (1943–1964) erschossen wurde. Der Unteroffizier der Grenztruppen, bald als Märtyrer in der noch jungen Traditionsgeschichte der Grenztruppen hochstilisiert, war allerdings von einem eigenen Kameraden versehentlich getroffen worden. Damit gehörte Schultz zu den ersten Opfern unter den Soldaten, die im Grenzdienst zu Tode kamen. Nach diesem Schusswechsel endete die große Zeit der Tunnelbauer, die Geldgeber zogen sich aus dem inzwischen zu einem unsicheren Geschäft gewordenen Unternehmen zurück.

Geld sollte aber eine immer wichtigere Rolle für Fluchtvorhaben aus der DDR spielen. In dem Maße, wie die Grenzsicherung seitens der DDR verstärkt wurde, sanken die Möglichkeiten, durch die verbesserten Sperranlagen hindurchzukommen. Professionelle westliche **Fluchthelfer** entwickelten zunehmend immer raffiniertere Strategien, um Bürgern der DDR eine Flucht in den Westen zu ermöglichen. In den 1960er/1970er Jahren spielte vor allem

Ostberlin, S-Bahnhof Wollankstraße, Fluchttunnel, 1.02.1962 (Foto: Bundesarchiv Koblenz, Bild 183-90157-0001)

Fluchttunnel unter der Berliner Mauer in der Heidelberger Straße,
um 1962 (Foto: ullstein bild – TopFoto)

die Flucht mit präparierten Fahrzeugen über die Transitwege
der DDR eine erhebliche Rolle. Jede Festnahme seitens der
DDR-Behörden führte aber letztendlich zu einer weiteren
Verschärfung und Verbesserung der Kontrollen an der innerdeutschen Grenze. Nicht nur die Flüchtlinge, sondern
auch die festgenommenen Fluchthelfer hatten mit hohen
Haftstrafen in der DDR zu rechnen. Exemplarisch wurde
vor allem durch das Ministerium für Staatssicherheit der
DDR auch auf die verschiedenen Fälle der in den Flucht-
fahrzeugen durch technische Mängel umgekommenen
DDR-Bürger verwiesen. Noch bis in die 1980er Jahre er-
arbeitete das MfS entsprechende Dokumentationen, u. a.
auch mit Wanderausstellungen, in denen DDR-Bürger durch
diese Beispiele abgeschreckt werden sollten. Bereits Ende
der 60er Jahre mussten infolge des hohen Risikos für die

Fluchthelfer bis zu 20 000 DM für eine fluchtwillige Person gezahlt werden. Die Kosten übernahmen häufig nahe Verwandte und Freunde im Westen oder mussten nach der gelungenen Flucht erarbeitet werden. Eine beliebte Form organisierter Fluchthilfe für DDR-Bürger war auch die Weiterleitung „verlorengegangener" Pässe westeuropäischer Bürger durch entsprechende Fluchthelfer. Mit dieser Methode versuchten verschiedene Ostdeutsche auch über die benachbarten sozialistischen Länder in den Westen zu gelangen. Eine direkte Flucht über die Grenzen der ČSSR oder der Volksrepublik Ungarn war nahezu unmöglich, da die Grenzanlagen dieser Länder zur Bundesrepublik, zu Österreich, zur Türkei und zu Jugoslawien gut ausgebaut waren und vor allem durch die Grenzeinheiten der „Bruderländer" ausreichend abgesichert wurden. Bis in die späten 1980er Jahre wurden die im Grenzgebiet der Tschechoslowakei, Ungarns oder Bulgariens festgenommenen DDR-Bürger an die DDR ausgeliefert, die dann in ihrer Heimat eine Haftstrafe zu befürchten hatten. Erst mit der rapiden Veränderung der politischen Lage durch die Öffnungspolitik der UdSSR und dem Umschwenken der politisch Verantwortlichen in verschiedenen sozialistischen Ländern entfiel im zweiten Halbjahr 1989 in Ungarn und in der ČSSR das strenge Grenzregime auch für fluchtwillige DDR-Bürger. Eine Vorreiterrolle spielte dabei die Regierung von Ungarn, die bereits am 2. Mai 1989 mit der Demontage ihrer Grenzanlagen begonnen hatte. Nachdem im August über 3 000 DDR-Bürger über Ungarn nach Österreich geflohen waren, öffneten die Ungarn schließlich am 10./11. September endgültig die Grenze nach Westeuropa. Innerhalb von nur drei Tagen flüchteten daraufhin über 15 000 DDR-Bürger.

Immer wieder wurden Fahrzeuge aller Art benutzt, um die innerdeutsche Grenze oder die Berliner Mauer zu durchbrechen. Besonders spektakulär war die Fahrt eines kompletten Eisenbahnzuges von Oranienburg nach Westberlin am 5. Dezember 1961, den 26 Personen zur Flucht nutzten. Ebenfalls mit der Eisenbahn flüchteten Anfang

Flucht von Staaken, Landkreis Nauen nach West-Berlin. Fünf DDR-Bewohner flüchteten mit einer Planierraupe durch die Stacheldraht-sperren. Grenzposten der DDR bei der Arbeit zur Rückführung der Planierraupe. Berlin, Bezirk Spandau/Staaken, Finkenkruger Weg, 11.9.1966 (Foto: Landesarchiv Berlin)

1964 acht Schüler einer Berliner Oberschule, die durch ein Loch hinter dem Bahnhof Friedrichstraße an den Bahndamm gelangt waren und so auf den internationalen Zug Moskau–Paris aufspringen konnten. Präparierte Autos, Planierraupen, schwerbeladene Busse oder Last-kraftwagen wurden wiederholt für Fluchtversuche einge-setzt. Noch am 10. März 1988 durchbrachen drei Männer aus Potsdam-Babelsberg mit einem LKW, der mit leeren Propangasflaschen beladen war, gewaltsam den Grenz-übergang nach Westberlin über die **Glienicker Brücke** in Potsdam.

Auch der Luftweg wurde trotz der extrem eingeschränkten Möglichkeiten für Fluchtunternehmungen genutzt. So flüchtete ein Leipziger Ingenieur im Sommer 1965 über die Berliner Mauer, indem er sich und seine Familie über ein Drahtseil über die Grenze gleiten ließ. Zuvor hatte sich die Familie auf den Toiletten des Ostberliner „Hauses der Ministerien" einschließen lassen. Mit einem vom Dach des Gebäudes über die Grenzanlagen geworfenen beschwerten Perlonfaden hatten die Flüchtenden ein stabiles Drahtseil über die Mauer gezogen, das Verwandte in Westberlin an der Schnur befestigt hatten.

1978 gelang einem jungen Ehepaar aus Schafstädt bei Merseburg die Flucht mit einem Agrarflugzeug. Der Ingenieur war beim Agrarflug der DDR-Interflug beschäftigt, seine Ehefrau war Zahnärztin. Das Flugzeug konnte ungehindert im Tiefflug das Radarsystem der DDR unterfliegen und landete nach einem kurzem Flug in der Nähe von Bad Lauterberg auf westlicher Seite, eine Fluchtform, die kein Einzelfall bleiben sollte.

Zu den spektakulärsten Fällen einer Flucht aus der DDR gehörte der Ballonflug zweier Familien aus Pößneck in Ostthüringen im Jahre 1979. Nachdem die beiden Familien in aufwendiger Arbeit die mühsam zusammengekauften Stoffe auf einer alten Nähmaschine zusammengenäht hatten, war ein erster Ballonflug im Frühjahr des Jahres kurz vor der Grenze missglückt. Die zurückgelassene Ballonhülle und weitere Einzelteile wurden entdeckt. Durch das Ministerium für Staatssicherheit und die Deutsche Volkspolizei wurde daraufhin im Bezirk Gera eine aufwendige Suchaktion eingeleitet. Unter dem Druck dieser Verhältnisse kauften die Familien in über 15 Städten der DDR noch einmal Stoffe zusammen, die schließlich zu einem neuen Ballon zusammengenäht wurden. Die Ballonhülle besaß insgesamt eine Fläche von 1250 Quadratmetern. In der Nacht zum 16. September 1976 startete der selbstkonstruierte Heißluftballon im Kreis Lobenstein, die auf der Plattform angebrachten vier Propangasflaschen lieferten das Gas für den Brenner. Zeitweilig wurde mit dem selbstkonstruierten

Ballonflüchtlinge – Sieben von acht Flüchtlingen aus Ostthüringen nach ihrer gelungenen Flucht mit dem selbstkonstruierten Heißluftballon, 1979 (Foto: Frankenpost Hof)

Ballon eine Flughöhe von 2600 Metern erreicht. Nahe der fränkischen Stadt Naila ging die gewagte Flucht glücklich zu Ende. Die medial besonders beachtete Flucht der thüringischen Familien führte auch zu einer Verfilmung der Story in den USA.

Eine der letzten aufsehenerregenden Fluchten aus der DDR mit Flugkörpern fand im Mai 1989, wenige Monate vor dem Fall der innerdeutschen Grenze statt. Zwei Brüder in Westberlin hatten mit zwei selbstgebauten Leichtmetallflugzeugen ihren Bruder aus Ostberlin geholt. Unbemerkt waren die Flugzeuge im Treptower Park im Osten Berlins gelandet und ebenso unbemerkt über die Berliner Mauer zurückgeflogen, um vor dem Reichstag in Westberlin zu landen. Zur Tarnung waren die Flugzeuge mit sowjetischen Hoheitszeichen versehen worden.

Ein besonderes Kapitel waren auch die unternommenen Fluchtversuche über Grenzflüsse wie die Elbe, die Werra oder die Spree und natürlich über die Ostsee. Das bereits fünf Kilometer vor Teilen der Ostseeküste ausgewiesene Grenzgebiet mit den entsprechenden Sicherungsanlagen wurde von der 6. Grenzbrigade Küste gesichert, die der Volksmarine der NVA direkt unterstellt war. In enger Zusammenarbeit mit den anderen „Organen" der DDR wie Staatssicherheit und Volkspolizei war im Küstenbereich ein besonders engmaschiges Netz ziviler Helfer und Zuträger im Einsatz, die nicht nur die Einheimischen im Vorfeld der Seegrenze im Visier hatten, sondern vor allem auch die Urlauber, Freizeitsportler und Camper. Parkplätze, Ferienheime oder Campingplätze wurden aufmerksam observiert und so blieben viele fluchtwillige DDR-Bürger bereits in diesem dichten Netz hängen, bevor sie ihre Flucht zu Wasser beginnen konnten. Nach dem Bau der Berliner Mauer 1961 versuchten trotzdem mehr als 5600 Menschen schwimmend, tauchend, paddelnd, surfend oder einfach mit einem Fischerboot über die Ostsee in die Freiheit zu gelangen. Nur 903 Flüchtlinge erreichten die Küsten von Schleswig-Holstein, Dänemark oder Schweden. Zwischen 1961 und 1989 bezahlten mindestens 174 Menschen ihre Flucht über die Ostsee mit dem Leben, die meisten ertranken oder starben an Unterkühlung. 4522 Ostseeflüchtlinge wurden gefasst und in vielen Fällen über Jahre eingesperrt. Die häufigsten Fluchtversuche registrierten die Grenzsoldaten am westlichen Teil der Wismarer Bucht, hier war der Weg nach Schleswig-Holstein zwischen Boltenhagen und Travemünde am kürzesten, die Grenzsicherung aber auch besonders perfektioniert. Auch die Halbinsel Fischland-Darß nahe der internationalen Schifffahrtsroute und die Inseln Rügen und Hiddensee nahe der dänischen Insel Mön verhießen güns-

Flucht über die Ostsee – Bernd Böttger demonstriert in der Sporthalle Schöneberg in Berlin, wie ihm mit einem Unter-wasser-Antriebs-Aggregat die Flucht in der Nacht vom 8. zum 9. September 1968 von Warnemünde zum Feuerschiff „Gedser" gelang (Foto: ullstein bild – dpa)

tige Ausgangspunkte für einen Fluchtversuch. Schwimmend, mit zumeist selbstgebastelten Schwimmanzügen, versuchten über ein Drittel der Flüchtenden ein westliches Schiff oder die Küsten der Bundesrepublik oder Dänemarks zu erreichen, wobei Entfernungen von mindestens 30 bis 50 Kilometern überwunden werden mussten. Die letzte nachweislich gelungene Flucht eines Schwimmers durch die Ostsee gelang am 2. September 1989. Wenige Wochen vor dem Fall der Mauer war der junge Mann aus Sachsen nach 19 Stunden und 38 Kilometern Schwimmstrecke von einer bundesdeutschen Schiffsbesatzung aus dem Wasser gefischt worden.

Zahlreiche technische Hilfsmittel wurden auch bei den Fluchtversuchen im Wasser eingesetzt. Die wohl spektakulärste Erfindung gelang Bernd Böttger (1940–1972) aus Sebnitz, der in genialer Weise mit einem Fahrrad-Hilfsmotor den ersten „Aqua-Scooter" der Welt entwickelte. Ein erster misslungener Fluchtversuch endete 1967 für acht Monate im DDR-Gefängnis. Mit einem neu gebauten Gerät und einer Tauchausrüstung unternahm Böttger am 8. September 1968 einen weiteren Fluchtversuch. Einen halben Meter unter Wasser zog der Prototyp des „Aqua-Scooters" dessen Erbauer mit einer Geschwindigkeit von fünf Kilometern pro Stunde durch die Ostsee. Nach knapp sechs Stunden und einer Orientierung am Sternenhimmel wurde der Flüchtling schließlich von einem bundesdeutschen Schiff aufgenommen. Das zur Flucht benutzte technische Gerät wurde patentiert und in einem westdeutschen Unternehmen in Serie gebaut. Die US-Navy rüstete ihre Kampfschwimmer damit aus und durch James Bond-Filme wurde der „Aqua-Scooter" des sächsischen Tüftlers weltberühmt.

Bereits mit dem Aufbau der Deutschen Grenzpolizei in der Sowjetischen Besatzungszone kam es immer wieder zu Fahnenfluchten von Grenzpolizisten über die Sektoren- bzw. Zonengrenzen. Auch in der DDR blieb das Problem der Fahnenflucht von Grenzpolizisten bzw. Grenzsoldaten erheblich. Der Bau der Berliner Mauer und der weitere technische Ausbau der innerdeutschen Grenze führte zwar auch dazu, dass die Fluchtmöglichkeiten für die Grenzsoldaten erschwert wurden, trotzdem registrierten die DDR-Behörden besonders in den 1960er Jahren zahlreiche Fahnenfluchten von Angehörigen der Grenztruppen über die innerdeutsche Grenze. Das Foto des über den Stacheldrahtverhau in Berlin springenden Unteroffiziers Conrad Schumann (1942–1998) am 15. Oktober 1961 ging um die Welt. Aufsehen erregte die Flucht einer Gruppe von Grenzsoldaten, die im April 1963 in Berlin-Treptow die Mauer mit einem Schützenpanzer durchbrach, gefolgt von einem LKW. Durch die 1962 eingeführte Wehrpflicht in der DDR und dem damit verbundenen engmaschigeren Auswahlverfahren im Vorfeld für den geplanten Grenzeinsatz und durch die kontinuierliche Bespitzelung der Grenztruppenangehörigen durch offizielle und inoffizielle Mitarbeiter des Ministeriums für Staatssicherheit wurde die Zahl der Fahnenfluchten zunehmend reduziert. Trotzdem gab es an der innerdeutschen Grenze bis 1989 etwa 2 800 Fahnenfluchten durch Offiziere, Fähnriche, Unteroffiziere und Soldaten der Grenztruppen. Um mögliche Fluchtabsprachen zu vermeiden, wurden die im Schichtsystem tätigen Grenzposten vor dem Grenzdienst täglich neu zusammengestellt. In vereinzelten Fällen gab es

Sechs Flüchtlinge benutzten diese Kabelrolle zur Flucht aus der DDR nach Westberlin, Januar 1965 (Foto: Landesarchiv Berlin)

auch Fluchtversuche von Angehörigen der in der DDR stationierten Gruppe der Sowjetischen Streitkräfte in Deutschland. Wissend, dass Deserteure im Falle einer Ergreifung mit der Todesstrafe zu rechnen hatten, setzten die häufig schwer bewaffneten sowjetischen Soldaten auch die Grenztruppenangehörigen der DDR an der innerdeutschen Grenze in Angst und Schrecken.

Besonders dramatisch waren Fluchten von Bürgern der DDR, bei denen die Flüchtenden durch Schussverletzungen oder durch die Einwirkung von Minen oder „Selbstschussanlagen" kurz vor dem Erreichen der letzten Sperrelemente der DDR-Grenze in eine nahezu aussichtslose Lage gerieten. Ein durch die Weltpresse gehender Fall ereignete sich im Dezember 1971 an einem Grenzabschnitt im Südharz nahe Brochthausen/Fuhrbach, ein Ereignis, das in besonderem Maße die perfide Form der Grenzsicherung aufzeigte. Ein junges Ehepaar mit Kleinkind war durch die Explosion einer Mine gestoppt worden, die Frau hatte beide Füße verloren, der Mann

Berliner Mauer, Nachtaufnahme der Grenzanlage an der Bernauer Straße, 1986 (Foto: ullstein bild – Ritter)

war etwas leichter verletzt. Durch das Engagement von westdeutschen Zivilisten und mit Unterstützung von Beamten des Zollgrenzdienstes der BRD und des Bundes-

grenzschutzes konnten die Flüchtenden durch den Metallgitterzaun über die Grenze gezogen werden.

„Wir müssen durch unsere ideologische Arbeit erreichen, dass
jedem Angehörigen der Grenztruppen in Fleisch und Blut
übergeht, dass jeder Grenzverletzer – ganz gleich, in welcher

Richtung er die Grenze durchbrechen will – als Feind unserer Republik handelt oder sich in dem Moment in einen Feind verwandelt, indem er in das imperialistische Lager überläuft und den Ultras so neuen Stoff für ihre Hetze und Verleumdung gegen unsere Republik gibt. ... Der Soldat muß wissen: Für Freunde gibt es Kontrollpassierpunkte an der Staatsgrenze. Wer aber illegal über die Grenze unseres souveränen Staates will, ... der ist ein Feind und wird als Feind behandelt. ... Verrätern gegenüber Nachsicht zu üben heißt, gegen die Interessen des ganzen Volkes zu handeln."

Heinz Hoffmann. In: Sozialistische Landesverteidigung. Reden und Aufsätze 1963–1970, Berlin 1971.

Das schlimmste Kapitel der Geschichte der innerdeutschen Grenze wurde die Geschichte von über 700 Todesopfern, von Menschen, die ihr Leben ließen, um ein Grundrecht wahrzunehmen: das Recht auf Freizügigkeit. Bereits nach dem Kriegsende war es zu den ersten getöteten Flüchtlingen an der Sektorengrenze der SBZ gekommen. Die Schließung der „Grünen Grenze" 1952 und letztendlich der Bau der Berliner Mauer 1961 mit einem verschärften Grenzregime ließen eine Flucht zu einem Unternehmen werden, das ein tödliches Risiko beinhaltete. Am 24. August 1961, elf Tage nach der Grenzschließung in Berlin, wurde Günter Litfin (1937–1961) bei seinem Fluchtversuch durch den Humboldthafen erschossen und damit das erste Todesopfer an der entstehenden Berliner Mauer. Innerhalb des nachfolgenden Jahres sollten bereits weitere 29 Flüchtlinge an der Grenze zwischen Ost- und Westberlin sterben. Weltweite Empörung löste vor allem der Tod von Peter Fechter (1944–1962) aus. Der 18-jährige Bauarbeiter war am 17. August 1962 im Kugelhagel der Grenzsoldaten schwer verwundet worden und nahe dem Grenzübergang Checkpoint Charlie auf ostdeutscher Seite vor der Grenzmauer liegengeblieben. Der verblutende und um Hilfe rufende Schwerverletzte erhielt keine Hilfe und verstarb nach einigen Stunden vor den Augen der nicht agierenden DDR-Grenzsoldaten, der Westberliner Polizei, amerikanischer Soldaten

Bergung des von Grenzpolizisten der DDR erschossenen Günter Litfin am 24. August 1961, Humboldthafen, Berlin, Bezirk-Mitte (Foto: Landesarchiv Berlin/Karl-Heinz Schubert)

und einer aufgebrachten Menschenmenge in Westberlin, die ohnmächtig den grausamen Tod des jungen Berliners auf Ostberliner Seite verfolgte. Kaum ein Ereignis an der Berliner Mauer wühlte die Berliner Bevölkerung, Menschen in aller Welt und westliche Politiker derartig auf. Kurz nach diesem furchtbaren Geschehen kam es in Westberlin zu zahlreichen Protestdemonstrationen und zu Übergriffen auf Besatzungssoldaten der UdSSR und den USA. Vor allem den Westberliner Politikern, wie dem späteren Bundeskanzler Willy Brandt, wurde klar, dass es zuallererst ihre Aufgabe werden musste, die Mauer durchlässiger zu machen, eine Einsicht, die in dem Slogan „Wandlung durch Annäherung" schließlich mit Beginn der sozialliberalen Koalition in der BRD ab 1972 zu einem Schwerpunkt in der Politik aller nachfolgenden Bundesregierungen werden sollte.

Am Abend des 5. Februar 1989 wurde der 20-jährige Chris Gueffroy (1968–1989) an der Berliner Mauer erschossen und damit das letzte Todesopfer an der innerdeutschen Grenze. Internationale Proteste zwangen die DDR-Führung, nunmehr den Einsatz der Schusswaffe im Grenzdienst auszusetzen. Seit dem Bau der Mauer 1961 waren 45 Personen durch Minen und Selbstschussanlagen getötet und über 200 Menschen an der innerdeutschen Grenze erschossen worden. Mit den bei Fluchtversuchen über die Ostsee und andere Wasserwege Ertrunkenen sowie den 27 Grenzsoldaten, die im Dienst ums Leben gekommen waren, lag die Zahl der Todesopfer nach 1961 bei nahezu 700 Menschen. Hunderte wurden an der „Friedensgrenze" – so der DDR-Jargon – zum Teil schwer verletzt.

Warnschilder auf Seiten der BRD und in Westberlin wiesen auf die Gefährlichkeit der DDR-Grenze hin. Trotzdem kam es auch immer wieder zu Versuchen, die Grenzanlagen von West nach Ost zu überwinden. Vielfach war es jugendlicher Übermut von Personen, die sich mit ihren Handlungen in Lebensgefahr begaben, aber keinesfalls das von der DDR-Führung erdachte und immer wieder propagierte Spektrum der „aggressiven Kreise des Imperialismus". Im März 1962

links und rechts: Als der 18-jährige Peter Fechter 1962 über die Mauer nach West-Berlin klettern wollte, eröffneten ostdeutsche Grenzsoldaten das Feuer. Fechter blieb schwer verletzt im „Todesstreifen" liegen. Trotz seiner Hilferufe ließen die DDR-Grenzsoldaten den Schwerverletzten verbluten. Eine Stunde später wurde Fechter von Grenzsoldaten abtransportiert. 17.08.1962 (Fotos: ullstein bild – Gadewolt)

überschritt eine Frau aus Herzberg die noch nicht so technisch perfekt abgesicherte Grenze von West nach Ost, um an der Beerdigung einer Großmutter ihres Mannes in Branderode in der DDR teilnehmen zu können. Nachdem sie sich bei den DDR-Grenzposten gemeldet hatte, entsprechend befragt worden war, wurde dem aus DDR-Sicht eigenwilligen Wunsch stattgegeben; die Frau durfte an der Beerdigung teilnehmen. Über den selben Weg kehrte die Grenzgängerin wieder zurück, nachdem sie nochmals von Grenztruppenangehörigen und Volkspolizisten befragt worden war. Zu den Kuriositäten der Grenzüberwindung von West nach Ost zählten auch seit den 1970er Jahren die „Mauerspringer", die aus unterschiedlichen Motiven die Mauer zu überwinden suchten. Der Amerikaner John

Runnings sorgte 1986/87 durch seine Aktionen an und auf der Berliner Mauer für besonders spektakuläre Momente, unter anderem mit einem über 500 Meter langen Balanceakt auf der Mauerkrone. Glimpflich ging auch im Sommer 1988 eine Aktion von etwa 200 Westberliner Jugendlichen aus, die sich den Einsätzen der Westberliner Polizei entzogen, indem sie an der Berliner Mauer auf Ostberliner Territorium Zuflucht suchten und mit der Polizei ein Katz-und-Maus-Spiel trieben. Jugendliche Punker, die über die Mauer in den Osten Berlins geflüchtet waren, wurden über die Grenzübergänge wieder nach Westberlin zurückgeführt.

Bereits kurze Zeit nach der hermetischen Abschottung der innerdeutschen Grenze und einer damit einsetzenden Eiszeit zwischen den beiden deutschen Staaten bemühte sich die Bundesregierung um den Freikauf politischer Gefangener in der DDR. Nach einem durch den bundesdeutschen Verleger Axel Springer (1925–1987) vermittelten Kontakt zwischen dem Staatssekretär im Auswärtigen Amt der BRD Karl Carstens (CDU) und Ostberliner Rechtsanwälten kamen bis Oktober 1964 die ersten 798 politischen Häftlinge aus DDR-Haft frei und konnten in den Westen ausreisen. Nach diesem Prinzip kauft die

Grenze nach Ost-Berlin, Bezirk Prenzlauer Berg. Blumenstrauß an der Fluchtstelle des erschossenen Hans-Dieter Wesa auf Westberliner Gebiet, S-Bahnhof Bornholmer Straße, Berlin Bezirk Wedding, 23.8.1962 (Foto: Landesarchiv Berlin/ Johann Willa)

Gescheiterter Fluchtversuch an der Lindenstraße (Bezirk Kreuzberg):
Der angeschossene Flüchtling Bernd Sievert wird abtransportiert.
5.09.1971 (Foto: ullstein bild – Auer)

Bundesregierung bis 1989 33 755 DDR-Häftlinge frei. Lag
der Preis für einen Freikauf anfänglich bei 40 000 DM
pro Häftling, stieg die Summe später bis zu 100 000 DM,
in Einzelfällen auch darüber. Insgesamt gab die Bundesregierung bis zum Fall der innerdeutschen Grenze über
3,5 Milliarden DM für diese humanitäre Leistung aus, die
von der DDR-Staatsführung bewusst zur Erhöhung des
Devisenhaushaltes kalkuliert wurde.

„Wie die Einleitung der Broschüre sagt, haben die Menschen-
rechte in der DDR also ihre Heimat gefunden. Das ist er-
freulich. Aber wir meinen, dass an diesem Panorama ein Ka-
pitel fehlt. Warum nehmen so viele Ostdeutsche so viel
Gefahren in Kauf, um diese „Heimat der Menschenrechte"
zu verlassen? Und warum hat dieses Land, wo die Freiheit

blüht, seine Westgrenze mit einer Mauer abgesichert, deren Verteidiger ihre Waffen nicht nach außen, sondern nach innen richten? Es fehlt auch ein Zitat: ‚Jeder hat das Recht, jedes Land, einschließlich sein eigenes, zu verlassen.' Diese Worte stehen im Artikel 13 der Erklärung der Menschenrechte. Sie sind sehr einfach und klar. Man möchte gern erfahren, was sie für jene Exegeten bedeuten, die in Ost-Berlin herrschen.“

Zitat aus einem Artikel der Pariser Zeitung „Combat“ über eine für das Ausland vorgesehene Propagandabroschüre der DDR, 16. Januar 1974

Nach der Unterzeichnung der Schlussakte von Helsinki im Jahre 1975 hatte sich die DDR-Führung verpflichtet, ihren Bürgern ein Recht auf Freizügigkeit zu garantieren, das u. a. die freie Wahl des Wohnortes einschloss. Das führte im entscheidenden Maße dazu, dass sich Teile der DDR-Bevölkerung im zunehmenden Maße auf diese Verpflichtungserklärung beriefen und infolge dessen einen **Ausreiseantrag** stellten. Sofern es nicht Familienzusammenführungen waren, die diesen Antrag begründeten, hatten die Ausreiseantragsteller zumeist mit dem Leben in der DDR abgeschlossen. Für die Bearbeitung der Anträge war jeweils die Abteilung Inneres der Städte und Kreise der DDR zuständig. Anfänglich häufig abgewiegelt und oft langfristig und ohne gesetzliche Grundlagen bearbeitet und auch abgelehnt, waren die Ausreiseanträge der aussiedlungswilligen DDR-Bürger in den 1970er Jahren eine statistisch noch geringe Größe. Erst in den 1980er Jahren schwoll die Zahl der Ausreiseanträge massiv an und wurde auch in unterschiedlichem Maße und in unterschiedlichen Zeiträumen überwiegend positiv beschieden. Nachdem 1983 über 6700 Personen aus der „DDR-Staatsbürgerschaft entlassen“ wurden und in den Westen ausreisten, durften bereits 1984 nahezu 30 000 Menschen die DDR infolge eines Ausreiseantrages verlassen. Die DDR-Führung versuchte mit dieser in diesem Jahr gewollt forcierten Ausreisewelle den Druck im Lande abzulassen und sich der Gegner des Systems zu entledigen. Erreicht wurde das Gegenteil. Die Ausreisewelle setzte sich im weiter steigenden Maße fort und führte schließlich zu einer immer bewussteren Wahrnehmung des Problems auch in weiten Teilen der DDR-Bevölkerung. Der Antrag auf eine ständige Ausreise aus der DDR stellte für die meisten Antragsteller einen oft jahrelangen, aufreibenden Prozess dar, der mit einer Reihe von zum Teil erheblichen Einschränkungen verbunden war. Die Ausreiseantragsteller wurden bis weit in die 1980er Jahre kriminalisiert, schikaniert, eingeschüchtert und auch in ihren Arbeitsmöglichkeiten eingeschränkt. Auch der Verlust des Arbeitsplatzes war möglich. Die Antragsteller wurden massiv durch das Ministerium für Staatssicherheit der DDR überwacht, Kinder und Jugendliche aus den Familien der Antragsteller wurden in verschiedenen Fällen im Kindergarten und in der Schule diskriminiert. Die betroffenen Personen lebten häufig auf gepackten Koffern. Ein Teil der Ausreisewilligen veräußerte alles Hab und Gut, andere kauften sich diverse Dinge, von denen sie hofften, diese im Westen in ein Startgeld umzuwandeln. Neben einer zum Teil eingetretenen sozialen Isolation bestand für viele Ausreisewillige die Gefahr, sich nach DDR-Gesetzen strafbar zu machen, wenn durch Kontaktaufnahmen zu Vertretungen der Bundesrepublik oder westlicher Länder, zu westlichen Organisationen, Institutionen oder Personen das Antragsverfahren beschleunigt werden sollte. Die Gruppe der Ausreiseantragsteller in der DDR war schließlich eine in sich geschlossene Gesellschaft, die sich häufig auch in lockerer Form organisierte und durch entsprechende Zeichen zu erkennen gab. Neben den Familienzusammenführungen wurden schließlich auch durch entsprechende Kontakte und durch Hilfe von Bekannten und Verwandten im Westen zeitweilige Ehen zwischen Bürgern aus West und Ost in der DDR angebahnt, die zu einer schnelleren Bearbeitung des Ausreiseantrags führen sollten. In verschiedenen Fällen mussten dann die zumeist betroffenen Frauen bei der späteren Scheidung der „Zweckehe" auch nach der Übersiedlung erhebliche Nachteile in Kauf nehmen. In der Vorbereitung der offiziellen Ausreise aus der DDR, die mit einer formalen Urkunde über eine „Aberkennung der Staatsbürgerschaft", der Abgabe der Personalausweise und der Übergabe von Identitätskarten endete, begann für die Antragsteller mit diversen Protokollen und Formularen ein Gang durch die Behörden. Unter anderem mussten alle Gegenstände angegeben werden, die ausgeführt werden sollten. In den Abteilungen für Kultur der Städte und Kreise mussten zudem alle alten Gegenstände von der Kristallvase bis zum „antiken" Schrank separat aufgelistet werden. Von staatlich eingesetzten Gutachtern begutachtet, sollte eine Ausfuhr von „DDR-Kulturgut" verhindert werden. Für alle diese vorgeschriebenen Behördengänge musste eine entsprechende Gebühr entrichtet werden. Waren alle Hürden überwunden, war den Ausreisenden in den ersten Jahren der Ausreisewelle aus der DDR auch bewusst, dass sie längere Zeit nicht mehr zurückkehren durften. Eine Praxis, die seitens der DDR-Führung in den späten 1980er Jahren gelockert wurde. Als im ersten Halbjahr 1989 schließlich über 46 000 Menschen ihre Heimat nach einem genehmigten Ausreiseantrag verlassen hatten und die Rufe „Wir wollen raus!" auf den im Herbst des Jahres beginnenden Demonstrationen immer lauter wurden, waren die Tage der Existenz der innerdeutschen Grenze und damit auch der DDR gezählt.

Während die Fluchtzahl vor allem junger Menschen über Ungarn und die ČSSR 1989 eine ungeahnte Höchstmarke erreichte, verlief parallel dazu eine massiv anschwellende Fluchtbewegung der DDR-Bürger über die Botschaften der Bundesrepublik Deutschland in Warschau, Prag, Budapest und über die **Ständige Vertretung** der BRD in Ostberlin. Bereits seit den 1970er Jahren hatte es vereinzelte Besetzungen von BRD-Botschaften durch DDR-Bürger gegeben, die damit eine Ausreise in den Westen durchsetzen wollten. So war auch bereits 1984 eine Gruppe von 160 Botschaftsbesetzern in Prag durch das Bundesinnenministerium freigekauft worden. Ab dem August 1989 geriet nunmehr alles aus den Fugen. Die Botschaftsbesetzungen zahlreicher DDR-Bürger führten dazu, dass die Ständige Vertretung der BRD in Ostberlin am 8. August, die bundesdeutschen Bot-

Leuchttafel im Ostberliner Bahnhof Friedrichstraße, Berlin, Bezirk Mitte (Foto: Zeitgeschichtliches Forum Leipzig)

schaften in Prag am 23. August und in Warschau am 19. September wegen Überfüllung schließen mussten. Trotzdem gelangten immer mehr fluchtwillige Menschen vor allem auf das Gelände der Prager Botschaft. Zeitweilig befanden sich hier bis zu 4 000 Menschen, darunter auch viele Kleinkinder, unter zunehmend schwieriger werdenden Bedingungen. Nach Verhandlungen zwischen Vertretern der BRD und der DDR kam es schließlich zu dem emotionalen Auftritt des Bundesaußenministers Hans-Dietrich Genscher (FDP) am frühen Abend des 30. September auf dem Balkon der Prager Botschaft. Seine Worte „Liebe Landsleute, wir sind zu Ihnen gekommen, um Ihnen mitzuteilen, dass heute Ihre Ausreise in die Bundesrepublik möglich geworden ist", gingen in dem tausendfachen Jubel der Botschaftsbesetzer unter. Die von Seiten der DDR durchgesetzte Ausreise der Flüchtlinge mit Sonderzügen über das Territorium der DDR war einer der letzten ohnmächtigen Versuche der ostdeutschen Staatsführung, das Gesicht zu waren. Als ein Zug mit Ausreisenden durch Dresden fuhr, kam es am 4. Oktober, wenige Tage vor dem 40. Jahrestag der Gründung der DDR, zu massiven Auseinandersetzungen mit der Volkspolizei, als Dresdener Jugendliche auf den Zug aufspringen wollten.

In immer schneller folgenden Wellen wurde vor allem die Prager Botschaft von Tausenden fluchtwilligen DDR-Bürgern besetzt, die die gebotene Möglichkeit für eine Ausreise nutzen wollten. In hilfloser Lage verfügte die DDR-Führung daraufhin eine Visumspflicht zur Einreise in die ČSSR, die sie schließlich am 1. November 1989 wieder aufhob. Der wieder einsetzende Druck tausender Flüchtlinge in Prag führte schließlich dazu, dass die ČSSR ab dem 3. November 1989 den DDR-Bürgern eine direkte Ausreise in die Bundesrepublik gestattete. Über 50 000 inzwischen auch kurzfristig zur Flucht entschlossene Ostdeutsche nutzen innerhalb von drei Tagen diese neue Möglichkeit, auf einfachem Wege in die BRD zu gelangen. Nachdem 1988 39 832 Menschen die DDR verlassen hatten, sollten es 1989 schließlich insgesamt 343 854 DDR-Bürger sein, die in die Bundesrepublik aussiedelten. Davon hatten über 120 000 Menschen ihre Flucht über die deutschen Botschaften in Warschau, Budapest und Prag erzwungen.

Ausreise-entschlossene DDR-Bürger flüchteten sich auf das Gelände der Botschaft der Bundesrepublik Deutschland in Prag. Tsche-chische Polizisten versuchen einen Mann am über-steigen des Zauns zu hindern. 2.10.1989 (Foto: ullstein bild – AP)

DER FALL DER MAUER UND DAS ENDE DER INNERDEUTSCHEN GRENZE 1989/90

Das Politbüro der SED habe beschlossen „... *heute ... äh ... eine Regelung zu treffen, die es jedem Bürger der DDR möglich macht ... äh ... über Grenzübergangspunkte der DDR ... äh ... auszureisen.*" „Ab wann tritt das in Kraft? Ab sofort?" „*Also Genossen, mir ist das hier also mitgeteilt worden: ... Privatreisen nach dem Ausland können ohne Vorliegen von Voraussetzungen – Reiseanlässe und Verwandtschaftsverhältnisse – beantragt werden. ... Das tritt nach meiner Kenntnis ... ist das sofort, unverzüglich.*"... „Gilt das auch für Westberlin?" „*Also ... doch doch.*"

Günter Schabowski, Mitglied des Politbüros der SED
und 1. Sekretär der Bezirksleitung der SED von Berlin (DDR), auf einer
Pressekonferenz am 9. November 1989
kurz vor 19 Uhr bei laufenden Kameras

Von weltgeschichtlicher Auswirkung war der in dieser Form wohl ungewollt vorgetragene, eher unspektakulär wirkende Text, der nicht nur das System der innerdeutschen Grenze und der Berliner Mauer beenden sollte, sondern den Staat DDR wie ein Kartenhaus zusammenbrechen ließ. Mit der urplötzlichen Öffnung der Grenzen am 9. November 1989 war nach 28 Jahren mit einer eingesperrten Bevölkerung genau das eingetreten, was die sowjetische Besatzungsmacht und die DDR-Führung mit der SED an der Spitze 1961 schon vorausgeahnt hatte und weshalb sie die Berliner Mauer hatte bauen lassen. Das eigene Volk hatte Alternativen nicht nur vor Augen, sondern nun das Heft des Handelns selbst in die Hand genommen. Die nicht mehr zu bremsende Fluchtwelle, die sich zunehmend aus den Kirchenkreisen der DDR herauslösende Opposition Ende der 1980er Jahre und die massiv anschwellenden „**Montags-Demonstrationen**" im Herbst 1989 lähmten eine völlig überforderte SED- und Staatsführung und ließen diese nur noch begrenzt reagieren. Der wirtschaftliche Niedergang der DDR hatte, ebenso wie in der Sowjetunion und Osteuropa, die Kräfte der sozialistischen Staatengemeinschaft so geschwächt, dass ein Agieren ohne Hilfe des „Klassenfeindes" in der BRD und in Westeuropa nicht mehr möglich war. Noch wenige Stunden vor dem Mauerfall hatte die DDR-Führung zum wiederholten Male in der BRD um Milliardenkredite nachgesucht. Dass mit den bereits zuvor gewährten Milliardensummen das Siechtum der DDR etwas herausgezögert wurde und auch ein immenser Militärapparat, ein gigantisches Überwachungssystem einschließlich der innerdeutschen Grenze am Leben erhalten wurde, zählt zu den Eigenarten deutscher Geschichte.

ADN, der Nachrichtendienst der DDR, Rundfunksender, die „Aktuelle Kamera" um 19.30 Uhr im DDR-Fernsehen und schließlich um 20 Uhr die „Tagesschau" im Programm der ARD veröffentlichten die Meldung von einer bevorstehenden Grenzöffnung, eine Nachricht, die sich wie ein Lauffeuer verbreitete. Bereits um 20.30 Uhr versammelten sich Hunderte Menschen auf Ostberliner Seite vor der Grenzübergangsstelle in der Bornholmer Straße. Die ersten Westberliner formierten sich ebenfalls an verschiedenen Grenzübergangsstellen, um sich vom Wahrheitsgehalt der Meldungen aus den Nachrichten zu überzeugen. Im wahrsten Sinn des Wortes vom Druck der Ereignisse überrollt, öffnete um 22.30 Uhr schließlich der diensthabende Chef an der Grenzübergangsstelle Bornholmer Straße die Grenze zu Westberlin. Anweisungen für eine Öffnung innerhalb der Grenztruppen der DDR und des Ministeriums für Staatssicherheit hatte es nicht gegeben. Die völlig uninformierten Offiziere der Grenztruppen handelten aus eigenem Ermessen. Kurz nach Mitternacht waren alle Grenzübergänge in Berlin geöffnet, die Stadt versank in einem unbeschreiblichen Freudentaumel, nahezu ganz Berlin war auf den Beinen und feierte. Viele Menschen konnten es kaum fassen: Ein schon fast zur Normalität gehörendes unmenschliches Grenzregime war schlagartig gefallen. Die Fassungslosigkeit betraf nicht nur das Gros der Menschen,

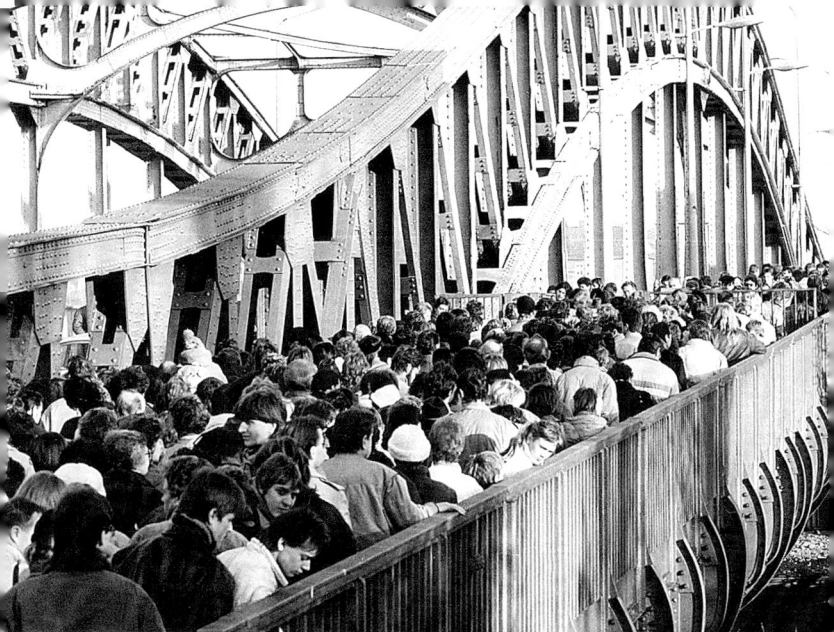

Berlin, Grenzübergang Bornholmer Straße, 10.11.1989 (Foto: Bundes-archiv Koblenz, Bild 183-1989-1118-018)

die unter der Grenze gelitten hatten, sondern auch die Gruppe der DDR-Bürger, die sich im Gefühl der Recht-mäßigkeit der Grenzschließung und des Mauerbaus wähnten. Die schließlich nach Mitternacht am 10. No-vember ausgelöste erhöhte Gefechtsbereitschaft für die Grenztruppen der DDR, hastig gebildete operative Füh-rungsgremien und andere Notmaßnahmen unter der seit wenigen Tagen bzw. Stunden existierenden neuen Staats-führung der DDR verliefen nahezu unbemerkt im Sande. Ab den Morgenstunden des 10. November konnten auch Millionen von DDR-Bürgern die Grenzübergangsstellen an der innerdeutschen Grenze passieren und erlebten in den Freudenszenen ähnlich wie in Westberlin eine grenzenlose Hilfsbereitschaft und Gastfreundschaft der westdeutschen Landsleute. Schnell prägte der „**Trabbi**" das Bild westdeutscher und Westberliner Straßen. Am Abend des 10. November hatte der Kanzler der Bundesrepublik Deutschland, Helmut Kohl (CDU), einen Staatsbesuch in Polen unterbrochen, um gemeinsam mit dem Außen-minister Hans-Dietrich Genscher (FDP), dem Regierenden Bürgermeister von Berlin, Walter Momper (SPD), und dem

SPD-Ehrenvorsitzenden Willy Brandt vor dem Schöneberger Rathaus in Westberlin auf einer Kundgebung zu sprechen. Brandt, der lange Zeit auch Regierender Bürgermeister in Westberlin gewesen war, prägte in seiner Rede den später häufig zitierten Satz: „Jetzt wächst zusammen, was zusammengehört".

Bereits lange von der Wirklichkeit überholt war der Befehl des DDR-Verteidigungsministers vom 21. Dezember 1989, nach dem „Grenzverletzer" an der Staatsgrenze festzunehmen seien. Allerdings wurde in dem Papier die Anwendung der Schusswaffe ausgeschlossen wie auch der Ausbau der Grenzanlagen endgültig gestoppt. Zwischenzeitlich hatten Angehörige der Grenztruppen der DDR bereits mit dem Abbau der Sperranlagen begonnen. In die ehemals nahezu undurchdringliche Grenze waren inzwischen zusätzliche Grenzübergänge gebrochen worden. Allgemeine Passkontrollen und der Versuch, mit einem neuen Zollgesetz einen „Ausverkauf" der DDR zu verhindern, bestimmten noch bis zur ersten Hälfte des Jahres 1990 die Tätigkeit von Grenztruppen, Passkontrolleinheiten und des Zolls der DDR. Das symbolträchtige Brandenburger Tor im Herzen Berlins wurde am 22. Dezember 1989 für den Fußgängerverkehr wiedereröffnet, und am 31. Dezember feierten Hunderttausende Berliner und ihre Gäste Silvester am Wahrzeichen der über 28 Jahre geteilten Stadt. Bereits ab dem 24. 12. 1989 durften die Bundesbürger und Westberliner ohne Visum und Zwangsumtausch in die DDR und nach Ostberlin einreisen. Viele Millionen DDR-Bürger, oft in kilometerlangen Schlangen und in überfüllten Eisenbahnzügen, hatten inzwischen den Westteil Deutschlands besucht und seitens der Städte und Gemeinden ein **Begrüßungsgeld** erhalten. Erste ehemals unterbrochene Verkehrsverbindungen wurden wiederhergestellt und Kontakte und Projekte auf kommunaler Ebene zwischen West und Ost angebahnt. Grenzsoldaten, Angehörige des Zolls und Vertreter anderer militärischer Gruppen auf beiden Seiten der Grenze besuchten sich und lernten wieder miteinander zu sprechen.

*Grenze nach Ost-Berlin. Brandenburger Tor nach Aufhebung der Reise-
beschränkung für Bürger der DDR in der Nacht vom 9. zum 10. November 1989. Bürger aus der DDR, West-Berlin und der BRD an und
auf der Mauer, 10.11.1989 (Foto oben: Landesarchiv Berlin/Edmund
Kasparski; Foto unten: Landesarchiv Berlin/Wolfgang Albrecht)*

Grenzübergang Hirschberg/Rudolphstein an der A9 Berlin-Nürnberg (Bezirk Gera/Bayern), 10. November 1989 (Foto: Bundesarchiv Koblenz, Bild 183-1989-1110-031)

Anfang Januar verfügte die DDR-Regierung unter dem Regierungschef Hans Modrow (SED-PDS) eine schrittweise Reduzierung der Grenztruppen der DDR um 50% auf rund 25 000 Mann. Die Eigendynamik der seit dem 9. November 1989 begonnenen historischen Entwicklung erreichte eine kaum noch verfolgbare Geschwindigkeit. Im Zuge der rasanten Veränderungen in der DDR und unter dem Druck eines immer noch massiven Stroms von Übersiedlern in die BRD wurde am 07.02.1990 unter dem Vorsitz von Bundeskanzler Kohl der Kabinettsausschuss „Deutsche Einheit" gebildet. Kohl schlug in diesem Zusammenhang der DDR

Stau auf der Autobahn Berlin-Hamburg Richtung Grenzübergang Zarrentin 11. November 1989 (Foto: Bundesarchiv Koblenz, Bild 183-1989-1112-009)

Brandenburger Tor, Silvesterfeier 1989/90, Berlin, Bezirk Mitte, 1.01.1990 (Foto: Bundesarchiv Koblenz/ZB - Hartmut Reiche, Bild 183-1990-0101-008)

Verhandlungen über eine Währungsunion mit einer Wirtschaftsreform vor. Am 10.02.1990 erhielt die Bundesregierung anlässlich eines Staatsbesuches des Bundeskanzlers in der Sowjetunion die Zusicherung der UdSSR, einer Wiedervereinigung Deutschlands nicht mehr im Wege zu stehen. Am 14. März trafen in der bundesdeutschen Hauptstadt Bonn Vertreter beider deutscher Staaten und die vier Siegermächte des Zweiten Weltkrieges zu einem ersten Gespräch zusammen. Dieses und die nachfolgenden Verhandlungen unter Einbeziehung Polens gingen als „Zwei plus vier Gespräche" in die Geschichte ein. Um die anhaltende Massenauswanderung aus der DDR zu stoppen, beschloss die Bundesregierung, das Notaufnahmeverfahren zum 1. Juli 1990 für Übersiedler aus der DDR abzuschaffen. Am 18. Mai 1990 wurde durch die Finanzminister der beiden deutschen Staaten in Anwesenheit von Bundeskanzler Kohl und des DDR-Ministerpräsidenten de Maizière (CDU) der Staatsvertrag über die Währungs-, Wirtschafts- und Sozialunion zwischen der BRD und der DDR unterzeichnet und trat am 1. Juli 1990 in Kraft. Im Hinblick auf die Währungs- und Sozialunion war am 26. Juni das Ende der Kontrollen an der innerdeutschen Grenze und in Berlin angewiesen worden. Am 30. Juni musste an Kontrollstellen der innerdeutschen Grenze und in Berlin zum letzten Mal der Pass vorgezeigt werden.

Seit Januar war mit dem aufwendigen Abbau der Grenzanlagen seitens der DDR begonnen worden. Der vorausgegangene Beschluss des DDR-Ministerrates wurde vor allem durch die Einheiten der Grenztruppen der DDR durchgeführt. Die Berliner Mauer, das besondere Symbol des Schreckens, sollte bis zum 30. November 1990 in wesentlichen Teilen aus dem Berliner Stadtbild verschwunden sein. Die zahlreichen **Mauerspechte** hatten sich bereits seit dem Ausgang des Jahres 1989 mit Erinnerungsstücken eingedeckt und häufig auch einen schwunghaften Souvenirhandel mit Mauerteilen betrieben. Weitere größere und kleinere Einzelstücke der Berliner Mauer und anderer Teile der Grenzanlagen wurden an Persönlichkeiten, Institutionen und Organisationen in aller Welt verschenkt oder auch an entsprechende Interessenten verkauft. Die größten Teile von Mauer und Sperranlagen wurden zerschreddert und zermahlen und überwiegend im Straßenbau verwendet. Nur wenige historische Erinnerungsstücke fanden den Weg in ein Museum oder in eine Gedenkstätte.

Der Vertrag über die Herstellung der Deutschen Einheit wurde am 31. Juli 1990 in Ostberlin unterzeichnet und der

Abbrucharbeiten der Berliner Mauer, Berlin, Bezirk Mitte, Frühjahr 1990 (Foto: Wolfgang Kramer)

3. Oktober zum neuen deutschen Nationalfeiertag erklärt.
Am 21. September 1990, zwei Wochen vor der Wiedervereinigung der beiden deutschen Staaten, verfügte der Minister
für Abrüstung und Verteidigung der DDR die Auflösung der
Grenztruppen der DDR. Mit der Wiedervereinigung der DDR
und der BRD am 3. Oktober 1990 fand die Nachkriegsgeschichte des geteilten Deutschlands ein von Millionen
Menschen in Ost- und West erhofftes, aber auch von vielen
Menschen schon nicht mehr erwartetes gutes Ende. Es blieben
Millionen gebrochener Lebensläufe, aber auch das Wissen,
durch eigene Kraft Veränderungen herbeigeführt zu haben.

GLOSSAR

Abschnittsbevollmächtigter (ABV): 1952 nach sowjetischem Vorbild eingeführter Mitarbeiter der → Deutschen Volkspolizei in der DDR, der polizeiliche Aufgaben in den Wohngebieten der Städte oder in kleineren Kommunen und Dörfern wahrnahm. Der besonders durch seine Basisarbeit gut informierte A. war ein wichtiger Ansprechpartner zur Beurteilung von Personen, die in das westliche Ausland reisen wollten, oder zur Einschätzung junger Wehrpflichtiger, die für den Grenzdienst vorgesehen waren.

Allied Checkpoint Alpha: → Grenzübergangsstelle mit dem Kontrollpunkt auf westlicher Seite für die westlichen → Alliierten bei Helmstedt für den Transit von und nach Berlin (West). Auf der Gegenseite in der DDR befand sich die Grenzübergangsstelle → Marienborn.

Allied Checkpoint Bravo: Der A. war eine von den westlichen Alliierten genutzte → Grenzübergangsstelle mit einem Kontrollpunkt bei Dreilinden in Berlin (West) für den → Transit von und nach der Bundesrepublik durch die DDR. Auf der Gegenseite in der DDR befand sich die Grenzübergangsstelle Drewitz.

Allied Checkpoint Charlie: → Grenzübergangsstelle mit dem Kontrollpunkt in der Friedrichstraße in Berlin (West), für den Übergang von und nach Berlin (West) im amerikanischen Sektor nach Berlin (Ost), der von den westlichen → Alliierten, Ausländern, den Mitarbeitern der → Ständigen Vertretung der Bundesrepublik Deutschland in der DDR und deren Angehörigen sowie befugten Bürgern der DDR genutzt wurde. Das Gebäude mit der alliierten Kontrollstelle wurde am 22. Juni 1990 im Beisein der Außenminister der USA, der UdSSR, Großbritanniens, Frankreichs und der beiden deutschen Staaten abgebaut. Es befindet sich heute im → Alliierten-Museum in Berlin. Am Originalstandort der Kontrollstelle in der Friedrichstraße befindet sich seit dem Jahr 2000 ein Nachbau als Bestandteil des Museums Haus am Checkpoint-Charlie. Das Museum Haus am Checkpoint Charlie ist das älteste Grenz- bzw. „Mauermuseum", das am 19. Oktober 1962 im Westteil der → Bernauer Straße in Berlin von Rainer Hildebrandt (1914–2004) gegründet wurde und am 14. Januar 1963 an den Grenzübergang A. zog. Das Museum zählt heute zu den meistbesuchten Museen Berlins.

Alliierte: Verbündete (lat.), die eine Allianz geschlossen haben. Im Zusammenhang mit der deutschen Nachkriegsgeschichte bezieht

Grenzübergang Friedrichstraße (für Ausländer und Diplomaten).
Amerikanische Soldaten hinter Sandsäcken, Berlin, Bezirk Kreuzberg,
04.12.1961 (Foto: Landesarchiv Berlin/Gert Schütz)

sich der Begriff auf die sogenannten Siegermächte des Zweiten
Weltkrieges: USA, UdSSR, Großbritannien und Frankreich. Die
A. bestimmten die Nachkriegsordnung von Deutschland und re-
gelten zeitweilig die gemeinsame Verwaltung. In der Zeit der
deutschen Teilung ab 1949 überwiegend als Begriff für die West-
Alliierten USA, Großbritannien und Frankreich verwendet.

AlliiertenMuseum: Museum in Berlin im Bezirk Steglitz-Zehlen-
dorf, das die Rolle der West-Alliierten (→ Alliierte) in Deutschland
zwischen 1945 und 1994 dokumentiert. Neben zahlreichen anderen
musealen Objekten sind u. a. die originalen Grenzhäuser des →
Checkpoint Charlie Grenzübergangs in der Ausstellung zu sehen.

Antifaschistischer Schutzwall: Propagandistische Bezeichnung
seitens der DDR für den am 13. August 1961 erfolgten Mauerbau
in Berlin (→ Berliner Mauer) und im Allgemeinen für die innerdeutsche Grenze. Mit dem Begriff wurde dem anderen Teil

Freifläche des AlliiertenMuseums mit „Rosinenbomber" und
Beobachtungsturm der DDR-Grenztruppen, 2007 (Foto: Führ)

Deutschlands, der Bundesrepublik, eine Entwicklung in einer freiheitlichen, demokratischen Grundordnung abgesprochen und eine „faschistische" Orientierung unterstellt. Damit verknüpft wurde eine bestehende Kriegsgefahr, die von der BRD und ihren Verbündeten, besonders den USA, ausgehen würde. Zum Teil deckte sich die Propaganda mit einer tatsächlichen Verschärfung der internationalen Lage durch den Konfrontationskurs der beiden Supermächte USA und UdSSR im → Kalten Krieg. Auch: „Friedensgrenze"

Ausreiseantrag: Kurzform für „Antrag zur ständigen Ausreise aus der DDR". Seit den 1970er Jahren ein Antrag für Bürger der DDR, die unterhalb des Rentenalters eine Übersiedlung in die BRD, Westberlin bzw. in das westliche Ausland durchsetzen wollten. Im Regelfall beriefen sich die Antragsteller auf die Dokumente der KSZE-Konferenz in Helsinki 1975, die auch die DDR-Regierung unterzeichnet hatte. Der Antrag erfolgte formlos bei den Abteilungen für Inneres der Städte und Kreise und führte zu einem aufwendigen Verwaltungsvorgang im System der DDR-Bürokratie. Ursprünglich schleppend bearbeitet und häufig zurückgewiesen, wurde der A. in den 1980er Jahren zunehmend schneller und im Sinne der Antragsteller bearbeitet. Der A. zog häufig seitens der „staatlichen Organe" der DDR, besonders durch das → Ministerium für Staatssicherheit, massive Diskriminierungen und Einschränkungen in verschiedenen Lebensbereichen nach sich. Der genehmigte A. führte zur „Entlassung aus der DDR-Staatsbürgerschaft" und einer Übersiedlung in das gewünschte Land, zumeist in die Bundesrepublik. Die massive Ausreisewelle in der zweiten Hälfte der 1980er Jahre trug wesentlich zur Destabilisierung der DDR bei.

Begrüßungsgeld: Ursprünglich von den Kommunen der BRD und Westberlins ausgezahlte Summe in unterschiedlicher Höhe, die einmal pro Jahr an jeden Besucher aus der DDR gezahlt wurde. Nach dem Fall der Mauer und der Öffnung der innerdeutschen Grenze nach dem 9. November 1989 ein einmaliger Betrag in Höhe von 100 DM an jeden Bürger der DDR bei einem Besuch im Westteil Deutschlands bzw. Westberlins nach Vorlage des Personalausweises der DDR. Die insgesamt ausgezahlte Summe belief sich auf etwa eine Milliarde DM und wurde häufig im grenznahen westdeutschen Raum und in Westberlin ausgegeben.

Beobachtungsturm: Der B. (auch Wachturm) war Bestandteil der → Grenzsicherungsanlagen der DDR an der Grenze zur BRD und zu Berlin (West). Im Normalfall leisteten zwei Angehörige der → Grenztruppen der DDR für durchschnittlich acht Stunden Dienst auf dem B. Die ersten B. in den 50er Jahren waren überwiegend aus Holz und in Form eines Jagd-Hochsitzes errichtet worden. Ab dem Ende der 1960er Jahre baute man sie aus runden Betonteilen. Auf dem B. befand sich eine Beobachtungskanzel in sechs bis elf Metern Höhe. Je nach der Ringzahl der Betonringe, die jeweils eine Höhe von einem Meter besaßen, wurde der B. z. B. als BT 11 (11 Meter hoch) benannt. Die Kanzel war zumeist achteckig und mit Kippfenstern ausgestattet, darunter befanden sich Schießluken. Auf dem Dach war ein leistungsstarker drehbarer Scheinwerfer installiert. Ab den 1970er Jahren wurden B. mit quadratischem

Beobachtungsturm am Griebnitzsee in Potsdam-Babelsberg, Grenze zu Westberlin (Zehlendorf). Foto von Ost nach West, um 1975 (Foto: Führ)

Grundriss gebaut. Die meisten B. wurden nach der → Grenzöffnung am 9. November 1989 abgerissen. Wenige B. befinden sich heute in den → Grenzmuseen oder anderen musealen Einrichtungen.

Berliner Mauer: Die als Grenzsperranlage um Westberlin errichtete Mauer, die ab dem 13. August 1961 von der DDR errichtet wurde und damit das ungenehmigte Verlassen der DDR in den Westen nur noch unter Lebensgefahr ermöglichte. Die Mauer, ursprünglich noch aus unterschiedlichem Material und in unterschiedlichen Maßen gebaut, umzog in den 1970er/1980er Jahren mit genormten Betonplatten und häufig mit einer Rohrauflage in einer Höhe von 3,5 bis 4,2 Metern ca. 112 Kilometer von Westberlin. Die Rohrauflage sollte das Übergreifen der Mauerkrone durch Flüchtlinge (→ Republikflucht) verhindern. Die zur DDR gewandte Fläche der B. war weiß gestrichen, um Personen besser zu erkennen.

Die zum Westen gerichtete Fläche wurde seit den 1970er Jahren als Gestaltungsfläche für Botschaften und Bilder aller Art genutzt → Kunst. Die B. war mit anderen Grenzsperranlagen kombiniert und rund um die Uhr bewacht. Eine durchgehende Lichttrasse sorgte in der Nacht für eine taghelle Beleuchtung. 134 Menschen (Stand 2008) verloren an der B. bei einem Fluchtversuch ihr Leben. Mit der B. wurde die DDR von vielen Menschen auf der

Welt als „Mauerstaat" wahrgenommen. Legal konnte die B. nur an wenigen → Grenzübergangsstellen durchschritten werden.

Bernauer Straße: Straße in Berlin-Mitte. Während der Teilung Berlins verlief die Grenze und schließlich die → Berliner Mauer parallel zur Straße, deren Bürgersteig bereits in Westberlin lag. Im Zuge des Grenzausbaus wurden Teile der B. stark verändert, Fenster zugemauert und 1985 die Versöhnungskirche an der B. auf der Seite der DDR gesprengt. Während des Mauerbaus versuchten zahlreiche Ostberliner, über die B. in den Westteil der Stadt zu gelangen. Zehn Jahre nach dem Fall der Mauer wurde am 9. November 1999 in der B. das „Dokumentationszentrum Berliner Mauer" eröffnet.

Brandenburger Tor: Klassizistisches Tor am Pariser Platz in Berlin-Mitte. 1788–1791 nach einem Entwurf von C.G. Langhans erbaut und mit plastischen Elementen von J.G. Schadow und C. Rode versehen. Nach der Beschädigung am Ende des 2. Weltkrieges (1945) erfolgte in den Jahren 1956/57 die Wiederherstellung. Häufig im Zentrum historischer Ereignisse stehend, wurde das B. ein Wahrzeichen von Berlin und in der jüngeren Vergangenheit ein Symbol für die deutsche Teilung. Ab Juli 1945 an der Grenze zwischen dem sowjetischen und dem amerikanischen Sektor von Berlin gelegen, befand sich das B. ab dem 13. August 1961 im Grenzschutzstreifen der DDR und war ab dem 14. August 1961 unpassierbar.
Vertreter beider deutscher Staaten hatten in der Zeit der deutschen Teilung das symbolische B. genutzt, um jeweils auf das Grenzsystem in Berlin hinzuweisen. Bekannt wurde vor allem die anlässlich eines Besuchs in Westberlin am 12. Juni 1987 ausgesprochene Aufforderung von Ronald Reagan (1911 – 2004), Präsident der USA, die an den Staatschef der UdSSR gerichtet war: „Herr Gorbatschow, öffnen Sie dieses Tor! Herr Gorbatschow, reißen Sie diese Mauer ein!" Das B. wurde am 22. Dezember 1989 wieder geöffnet.

Teile der Grenz-sperranlagen „Dokumentations-zentrum Berliner Mauer" an der Bernauer Straße in Berlin 2007 (Foto: Führ)

Brandenburger Tor. Blick über die vordere Absperrung in Ostberlin. Im Hintergrund die Berliner Mauer, Pariser Platz. Im Vordergrund Unter den Linden, 09.05.1987 (Foto: Landesarchiv Berlin/Günter Schneider)

Brocken: Der B. ist die höchste Erhebung des Harzes (1141 Meter über NN) und befindet sich im Zentrum des Harz-Nationalparks. Schon seit dem 18. Jahrhundert touristisch erschlossen und seit 1899 mit der Brockenbahn erreichbar, wurde vom B. die erste öffentliche Fernsehübertragung der Welt (1935) von einer mobilen Station ausgestrahlt. Es folgte der Bau des ersten Fernsehübertragungsturms der Welt 1936. Am Ende des 2. Weltkrieges (1945) wurde der B. von den USA besetzt, es folgte ab April 1947 die Besetzung durch das Militär der UdSSR. Seit 1952 befand sich der B. im → Grenzgebiet der DDR und wurde nahezu ausschließlich von der Gruppe der Sowjetischen Streitkräfte in Deutschland, den

Grenzstreife der DDR-Grenzpolizei auf dem Brocken, 23.11.1956 (Foto: Bundesarchiv Koblenz/ZB)

→ Grenztruppen der DDR und dem → Ministerium für Staatssicherheit der DDR überwiegend für umfangreiche Aufklärungs- und Spionagetätigkeiten gegenüber der BRD und den westlichen Alliierten (→ Alliierte) genutzt. Mit der Mitte der 1980er Jahre erbauten und vom Ministerium für Staatssicherheit genutzten „Brockenmoschee" fand die technische Aufrüstung im Bereich der Funkaufklärung seitens der DDR einen letzten Höhepunkt. Friedliche Demonstranten erzwangen am 3. Dezember 1989, wenige Wochen nach der → Grenzöffnung, den Zugang auf den Brockengipfel. Die ehemals russische Liegenschaft wurde am 30. März 1994 wieder von der BRD übernommen.

Bundesgrenzschutz (BGS): Gemäß den Empfehlungen der Londoner Konferenz von 1948 wurde im Grundgesetz der Bundesrepublik Deutschland die Errichtung von Bundesgrenzschutzbehörden festgelegt. An die Erfahrungen der Grenzschutz- und Heimatschutzverbände der Weimarer Republik (1919–1933) anknüpfend, war vorgesehen, auf diese Weise die Polizei der Länder zu ergänzen und gleichzeitig eine flexibel einsetzbare Sonderpolizeitruppe zu schaffen.
Die Aufstellung des BGS erfolgte auf der Grundlage eines Gesetzes vom 16.03.1951. Der BGS wurde dem Bundesinnenministerium unterstellt. Zu Beginn der 1980er Jahre lag die Stärke des BGS bei ca. 22 500 Mann, die auf hohem technischen Niveau ausgerüstet waren. Am 26.9.1972 entstand die Grenzschutzgruppe 9 (GSG 9), zu deren Aufgaben die Durchführung von Kommandounternehmen gehörte. Das 1975 in Bonn geschaffene Grenzkommando West übernahm die Abschirmung u. a. solcher Einrichtungen wie des Bundeskanzleramtes, des Bundestages oder verschiedener Ministerien. In den 1980er/1990er Jahren erfolgten weitere, z. T. gravierende Strukturveränderungen, die besonders durch den Wegfall der innerdeutschen Grenze, die → Wiedervereinigung der beiden deutschen Staaten am 3. Oktober 1990 und durch die veränderte Situation an den Grenzen der anderen Anliegerstaaten verstärkt wurden. Bahnpolizeiliche Aufgaben und die Überwachung von Flughäfen gehören seit dieser Zeit verstärkt zum Aufgabenbereich des BGS. Am 1. Juli 2005 wurde der Bundesgrenzschutz in Bundespolizei umbenannt.

Checkpoint Charlie → Allied Checkpoint Charlie

Demarkationslinie: Zwischen Staaten vereinbarte vorläufige Grenzlinie. Im Ergebnis des 2. Weltkrieges (1939–1945) wurde Deutschland in Besatzungszonen aufgeteilt, in denen jeweils eine der vier alliierten Siegermächte (→ Alliierte) die Regierungs- und Befehlsgewalt übernahm. Die Grenzen zwischen den Besatzungszonen in

Deutschland bildeten die D. auf der Grundlage der Gliederung des Deutschen Reiches, den Grenzen der ehemaligen deutschen Länder bzw. der preußischen Provinzen. Während 1945/46 die D. zwischen den Westzonen durchlässiger wurde und schrittweise verschwand, blieb die D. zur Sowjetischen Besatzungszone mit ihrem Kontrollsystem bestehen.

Seit dem 30. Juni 1946 wurde das freie Überqueren der D. zwischen der SBZ und den Westzonen auf Grund einer von der Sowjetunion veranlassten Anordnung des Alliierten Kontrollrates verboten. Offiziell konnte die D. nur noch mit einem → Interzonenpass an einer der wenigen Kontrollpassierpunkte überquert werden. Die D. wurde auf Seiten der SBZ zunehmend gesichert. Nachdem die Bewachung der D. ursprünglich ausschließlich durch alliierte Soldaten erfolgte, übernahmen in Niedersachsen im September 1945 der Zollgrenzschutz, am 15.11.1945 die Bayerische Grenzpolizei und in Hessen ab Mai 1946 eine Grenzpolizei Grenzschutzaufgaben. Mit Wirkung vom 1.12.1946 entstand infolge eines Befehls der Sowjetischen Militäradministration in Deutschland die Grenzpolizei in der SBZ. Die unterschiedliche wirtschaftliche und politische Entwicklung in den Westzonen und in der SBZ führten im zunehmenden Maße zu illegalen Grenzübertritten und zu einem regen, unkontrollierten privaten Handel („Schwarzhandel") zwischen den Westzonen und der SBZ. Die Währungsreform in den Westzonen und in der SBZ im Juni 1948 verstärkte diese Tendenz. iIm Jahr darauf erfolgte die Gründung beider deutscher Staaten: im Juni 1949 der BRD und am 7. Oktober 1949 der DDR.

Nachdem in der Politik bzw. in der Propaganda beider deutscher Staaten die Wiedervereinigung anfänglich gemeinsam postuliert wurde, verfolgte die DDR zunehmend eine Abkehr von der Wiedervereinigungspolitik. Die D. wurde auf der Grundlage einer „Polizeiordnung über die Einführung einer besonderen Ordnung an der Demarkationslinie" vom 27. Mai 1952 mit einem aufwendigen Ausbau des Grenzsystems verstärkt. Mit der eigenverantwortlichen Sicherung der Grenzen nach dem Vertrag vom 20. September 1955 über die Bestätigung der vollen Souveränität der DDR durch die UdSSR wurde die D. in der DDR als „Staatsgrenze" bezeichnet. Mit der vollständigen Grenzsperrung durch die DDR ab dem 13. August 1961 wurde die D. zu einer nahezu undurchdringlichen Sperranlage ausgebaut (→ Grenzsicherungsanlagen). Die Bundesrepublik betrachtete die Grenze zur DDR als einfache Landesgrenze, gleichrangig wie die Grenzen zwischen den einzelnen Bundesländern. Bundesbürger und Westberliner hatten freien Zugang bis zur D. Die Begriffe D. bzw. Zonengrenze blieben weiter im Gebrauch und unterstrichen damit konsequent das Provisorium der D. Erst die „neue Ostpolitik" der sozialliberalen Koalition in der BRD (ab 1969) führte zu einer Abkehr von diesen Begrifflichkeiten, ließ aber die „Deutsche Frage", vor allem die im Grundgesetz verankerte Wiedervereinigungsklausel, unberührt.

Deutsche Grenzpolizei → Grenztruppen der DDR

Deutsche Volkspolizei (DVP): Die D. wurde am 3. Juli 1948 vor der Entstehung der DDR gegründet. Sie verfügte u. a. über die Dienstzweige Schutzpolizei, Kriminalpolizei, Pass- und Meldewesen, Transportpolizei, Verkehrspolizei und Bereitschaftspolizei. Die Gliederung war regional strukturiert. In kleineren Gemeinden und in Ortsteilen war der → Abschnittsbevollmächtigte tätig, der nahezu alle polizeilichen Aufgaben wahrnahm. Nach der Auflösung der ostdeutschen Länder 1952 wurde die D. in Polizeireviere, Volkspolizeikreisämter und die Bezirksbehörden der D. strukturiert. Die D. war dem Ministerium des Innern unterstellt. Der Innenminister der DDR war gleichzeitig der Chef der D. Zeitweilig war auch die Deutsche Grenzpolizei (→ Grenztruppen der DDR) Bestandteil der D.

Innerhalb der Schutzpolizei bestanden die Gruppenposten Grenze, die u. a. an den Zufahrtsstraßen zur Grenze bzw. im → Grenzgebiet bzw. in der Sperrzone Kontrollstellen unterhielten. Durch die Gruppenposten sollten Verstöße gegen die → Grenzordnung verhindert werden. Die Vernehmung von festgenommenen „Grenzverletzern" oblag der Kriminalpolizei, die Ermittlungsergebnisse des → Ministeriums für Staatssicherheit und der → Grenztruppen der DDR wurden in ihre Untersuchungen einbezogen. Ermittelt wurde ab 1957 zum Tatbestand des Paragraphen 213 des Strafgesetzbuches der DDR („Versuch des illegalen Grenzübertritts").

Durch die Polizisten der Hauptabteilung Pass- und Meldewesen wurden Passierscheine ausgestellt, die zur Einreise in das Grenzgebiet berechtigten. Für im Grenzgebiet lebende Personen wurden Registriervermerke eingetragen und mit einem Stempel versehen. DDR-Bürger, die im Grenzgebiet arbeiteten, erhielten einen Genehmigungsvermerk. Wichtigste Aufgabe war die Ausstellung der gültigen Reisedokumente für eine Ausreise in die Bundesrepublik und in andere Staaten. Einreisende aus der BRD, Westberlin und aus westlichen Ländern mussten sich binnen einer festgelegten Frist nach der Einreise in der DDR auf dem jeweils zuständigen Volkspolizeikreisamt der D. melden. Umgangssprachlich auch: → „Vopo", „Bullen", „Grüne".

East Side Gallery: Teil der → Berliner Mauer im Bezirk Berlin-Friedrichshain (Mühlenstraße), der nach der → Grenzöffnung

am 9. November 1989 auf einer Länge von ca. 1,3 Kilometern von mehr als 100 Künstlern künstlerisch gestaltet wurde. Das Teilstück der Mauer wurde 1992 unter Denkmalschutz gestellt und inzwischen, zuletzt 2000, teilweise restauriert. → Kunst

Eiserner Vorhang: Aus der Theaterwelt entlehnter Begriff für die Schutzbarriere im Falle eines Brandes auf der Bühne. In der Politik 1918 bereits als Metapher für die Isolation der Sowjetunion zu Westeuropa gebraucht. Der ehemalige britische Premierminister Winston Churchill benutzte den Begriff E. am 05.03.1946 in seiner Rede in Fulton (USA): „Es scheint, dass von Stettin ... bis Triest am

Mauerabschnitt mit Bild, East Side Gallery, 25. März 1990 (Foto: Bundesarchiv Koblenz, Bild 183-1990-0325-008)

Mittelmeer ein eiserner Vorhang herunter über den Kontinent kam." Hinter diesem Vorhang läge die sowjetische Sphäre. Umgangssprachlich war damit die Trennung zwischen der entstehenden „sozialistischen Staatengemeinschaft" im Osten Europas und in Teilen Asiens sowie dem westlichen Bündnis der Staaten Westeuropas, der USA und anderer Staaten gemeint. Sichtbarer Ausdruck des E. wurden die innerdeutsche Grenze und die → Berliner Mauer, aber auch das Grenzsystem der anderen sozialistischen Staaten zu Westeuropa und in Asien. Nachdem Ungarn bereits im Mai 1989 seine Grenzen zu öffnen begann, gilt die Grenztoröffnung zwischen Ungarn und Österreich beim „Paneuropäischen Picknick" am 19. August 1989 als der Beginn der Öffnung des E. Der Fall der innerdeutschen Grenze und der Berliner Mauer ab dem 9. November 1989 führte schließlich zum Fall des E. und damit zum Ende des → Kalten Krieges.

Fluchthelfer: F. waren Personen, die Bürgern der DDR durch die Nutzung unterschiedlicher Möglichkeiten zur Flucht in das westliche Ausland, in die BRD, nach Berlin (West) oder ein sicheres Drittland verhalfen. Die Beweggründe der F. waren unterschiedlich. Neben selbstloser Hilfsbereitschaft, Abenteurertum und politischer Berufung stand bei verschiedenen F. auch ein kommerzielles Engagement im Vordergrund. Die F. nutzten u. a. die Transitwege durch die DDR von und nach Berlin (West) durch den Einsatz von zumeist besonders präparierten Fahrzeugen. Üblich war auch der Einsatz von gefälschten Dokumenten und die damit verbundene Fluchthilfe über Drittländer. Spektakulär waren Tunnelgrabungen unter der Grenze. Seitens der offiziellen Stellen der DDR wurde die Fluchthilfe als „krimineller und staatsfeindlicher Menschenhandel" verfolgt. F., die in der DDR festgenommen wurden, hatten mit hohen Freiheitsstrafen zu rechnen. Im offiziellen DDR-Sprachgebrauch wurden die F. als „kriminelle Menschenhändlerbanden" bezeichnet.

Freiwillige Helfer der Grenztruppen der DDR: Männliche und weibliche Bürger der DDR (Zivilpersonen), die das 18. Lebensjahr vollendet hatten, konnten auf freiwilliger Basis, zumeist im Grenzhinterland bzw. im → Grenzgebiet, für grenzsichernde Aufgaben eingesetzt werden. Der erste Einsatz von F. ist seit 1952 bekannt. Die Betreuung, Ausbildung und Koordinierung der F. erfolgte durch die → Grenztruppen der DDR. Die F. waren militärisch strukturiert und mit militärischen Ausrüstungsteilen ausgestattet. Die Uniform enthielt keine militärischen Rangabzeichen. Die Ausbildung umfasste auch eine Schießausbildung. Zur Legitimation diente ein Ausweis, eine Armbinde und ab 1981 zusätzlich eine Dienstplakette. F. erhielten keine direkten finanziellen Aufwendungen. Staatliche und militärische Auszeichnungen für F. konnten mit einer Geldprämie verbunden sein.

Glienicker Brücke: Seit dem 17. Jahrhundert bestehende Verbindung von Berlin nach Potsdam über die Havel. Ursprünglich aus Holz, nach Entwürfen von K. F. Schinkel seit 1834 aus Stein und schließlich ab 1907 als Stahlkonstruktion errichtet. Am Kriegsende des 2. Weltkrieges 1945 durch die Deutsche Wehrmacht zerstört. Nach dem Wiederaufbau am 19.12.1949 als „Brücke der Einheit" eröffnet. In der Mitte der G. befand sich die Grenze zwischen der DDR und Berlin (West). Mit dem Generalvertrag vom 26. Mai 1952 zwischen der BRD und den drei westlichen → Alliierten, der zur weitgehenden Unabhängigkeit der Bundesrepublik von den Siegermächten führte und den Besatzungsstatus beendete, wurde die G. seitens der DDR gesperrt. In der nachfolgenden Entwicklung erhielt die G. einen Sonderstatus und diente den Alliierten, später auch anderen Staatsangehörigen im diplomatischen Dienst oder mit Sondergenehmigung als → Grenzübergangsstelle.
Besondere Aufmerksamkeit erhielt die G. im Zusammenhang mit drei vorgenommenen „Agentenaustauschaktionen" zwischen Ost und West (1962, 1985 u. 1986). Bei dem ersten Agentenaustausch in der Hochzeit des → Kalten Krieges wurde der über der UdSSR

Hinweistafel des Bezirksamtes Zehlendorf an der Glienicker Brücke, 12.11.1962 (Foto: Landesarchiv Berlin/Johann Willa)

abgeschossene US-Amerikaner F. G. Powers und der sowjetische Geheimdienst-Oberst R. Abel von der jeweils anderen Seite übergeben.

Grenzdurchbruch: Im offiziellen DDR-Sprachgebrauch eine gelungene Flucht von Ost nach West. Der nichtgelungene G. wurde als „Versuchter G." bezeichnet. Der G. und der „Versuchte G." waren nach DDR-Recht strafbar und konnten zu mehrjähriger Haft führen → Republikflucht.

Grenzgänger: Bezeichnung für die jeweils im anderen Teil Deutschlands bzw. in Berlin arbeitenden Menschen vor dem Bau der → Berliner Mauer.

Grenzgebiet: Entlang der Grenze der DDR zur Bundesrepublik und zu Berlin (West) seitens der DDR ausgewiesener Geländestreifen mit unterschiedlicher Ausdehnung, bis 1964 unter der Bezeichnung Sperrgebiet. Seit 27. Mai 1952 wurden durch eine Polizeiverordnung der DDR Bestimmungen erlassen, die das Leben der Personen im G. und für einreisende Personen in das G. regelten.
Die letzten einschlägigen Bestimmungen waren im Gesetz über die Staatsgrenze der Deutschen Demokratischen Republik (→ Grenzgesetz) vom 25. März 1982 festgelegt. Das G. setzte sich aus Sperrzone und Schutzstreifen zusammen. An der Grenze zu Westberlin bestand das G. nur aus einem Schutzstreifen. Bürger der BRD und Westberlins hatten von westlicher Seite freien Zugang bis an die → Grenzsicherungsanlagen der DDR unter Verweis auf die Grenzziehung und die Gefahren der DDR-Grenzanlagen.

Grenzgebiet Sperrzone

Betreten und Befahren verboten

Grenzgesetz: Die „Polizeiverordnung über die Einführung einer besonderen Ordnung an der Demarkationslinie" vom 26. Mai 1952 bildete die grundlegende Fassung einer von der DDR-Seite bestimmten Grenzordnung, die in wesentlichen Teilen bis 1989 Gültigkeit besaß. 1972 trat eine überarbeitete Grenzordnung in Kraft, die das Grenzgebiet, seit 1952 festgeschrieben, veränderte.

Die räumliche Tiefe der ursprünglich etwa 5 Kilometer breiten Sperrzone wurde nicht mehr genau vorgeschrieben und neu geregelt. 180 Ortschaften und 139 Ortsteile mit 164 955 Bewohnern und etwa 50% der im Grenzgebiet der DDR gelegenen Betriebe wurden aus der ehemaligen Sperrzone ausgegliedert. Nach mehrfachen Überarbeitungen wurde schließlich am 25. März 1982 das „Gesetz über die Staatsgrenze der Deutschen Demokratischen Republik" erlassen, das bis Ende 1989 Bestand hatte.

Grenzmuseen: Durch private und staatliche Initiativen entstandene Museen, Gedenkstätten und Denkmale im Bereich der ehemaligen innerdeutschen Grenze und in Berlin in unterschiedlicher Trägerschaft. Seit 1996 in der Arbeitsgemeinschaft „Museen, Gedenkstätten und Denkmale an der ehemaligen innerdeutschen Grenze" zusammengeschlossen. Der Arbeitsgemeinschaft gehören 36 Einrichtungen an (Stand 2006). Siehe auch: → Bernauer Straße, → Marienborn, → Museum Haus am Checkpoint Charly, → Mödlareuth.

Grenzöffnung am 9. November 1989: Die veränderte internationale Lage, u. a. durch die Politik der „Perestroika" (der Durchlässigkeit) in der sozialistischen Führungsmacht UdSSR, die zunehmende Differenz in verschiedenen wirtschaftlichen und sozialen Bereichen zwischen den existierenden beiden Weltsystemen (→ Kalter Krieg) und besonders der zunehmende Druck durch einen erheblichen Teil der DDR-Bevölkerung (Botschaftsbesetzungen, → Montagsdemonstration → Republikflucht), begleitet von einer massiven Ausreisewelle aus der DDR führten am 9. November 1989 zur Grenzöffnung der → Berliner Mauer und der innerdeutschen Grenze.

Anlass war eine gegen 19 Uhr im Fernsehen der DDR live übertragene Pressekonferenz, in der Günter Schabowski als Sprecher des Zentralkomitees der Sozialistischen Einheitspartei Deutschlands (SED) eine Reiseregelung für Bürger der DDR bekannt gab. Die Reiseregelung ermöglichte Privatreisen „nach dem Ausland" ohne Vorliegen von Voraussetzungen, „sofort" und „unverzüglich". Die auch von den West-Medien schnell verbreitete Meldung führte zu größeren Menschenansammlungen besonders an der Ostberliner Grenzübergangsstelle in der Bornholmer Straße (→ Grenzübergangsstelle), die schließlich gegen 22.30 Uhr geöffnet wurde. Bereits am nächsten Tag wurden die ersten Teile der → Grenzsicherungsanlagen zerstört und bis Anfang der 1990er Jahre zum überwiegenden Teil beseitigt. Die → Deutsche Volkspolizei begann mit der Ausgabe von Reisepässen und Visa-Stempeln (→ Visum) für DDR-Bürger. Bereits am ersten Wochenende (11./12.11.1989) nach der G. reisten über drei Millionen DDR-Bürger in die BRD und nach Berlin (West), z. T. über neueröffnete Grenzübergangsstellen. Das → Grenzgebiet wurde am 11. Dezember 1989 aufgelöst. Die Grenzkontrollen an der innerdeutschen Grenze und in Berlin wurden am 1. Juli 1990 eingestellt.

Grenzordnung → **Grenzgesetz**

Grenzübergangsstelle bei Katharinenberg, November 1989 (Foto: Bundesarchiv Koblenz, Bild 183-1989-1114-019)

unten: Kokarde zur Erinnerung an den 9. November 1989, Turnierbedarf Schäfer, Nentershausen, 1989 (Foto: Führ)

Grenzposten: Im Grenzdiensteinsatz befindliche Soldaten, Unteroffiziere, Fähnriche oder Offiziere seitens der DDR, deren Einsatz in der Dienstvorschrift der → Grenztruppen der DDR geregelt wurde. Darin wurde festgelegt, das der G. mindestens aus zwei bewaffneten Angehörigen der Grenztruppen zu bestehen habe. Geführt wurde der G. durch einen Postenführer. Zur Unterbindung eventueller Fluchtabsprachen wurden die G. täglich neu zusammengestellt.

Grenzsäule: Die schweren Betonsäulen wurden im Abstand von ca. 500 Meter versetzt zur Grenzlinie auf dem westlichen Vorfeld der → Grenzsicherungsanlagen der DDR eingebracht. Die sichtbare Höhe der G. betrug 2,10 m. Die G. war mit schräggeordneter schwarz-rot-gelber Farbfassung versehen. An der Stirnseite befand sich ein Wappenschild mit dem Staatswappen der DDR und dem Schriftzug „Deutsche Demokratische Republik". Anfangs aus Plastik, wurde dieses Schild ab 1969 aus Aluminiumspritzguss gefertigt. Rückseitig auf der G. befand sich ein Schild mit vierstelliger Zahl, fortlaufend an der innerdeutschen Grenze von Nord nach Süd durchnummeriert.

Grenzsicherungsanlagen: Im offiziellen Sprachgebrauch der DDR der Begriff für die überwiegend technische Ausstattung der Grenze, die ein Überqueren der Grenze unmöglich machen sollten. Zu den G. zählten u. a. Stacheldrahtzäune, → Grenzsignalzaun, → Kolonnenweg, Mauern (→ Berliner Mauer), Streckmetallzäune, Minensperren, Kraftfahrzeug-Sperrgräben, Kontrollstreifen, → Beobachtungstürme, → Hundelaufanlagen und Lichttrassen.

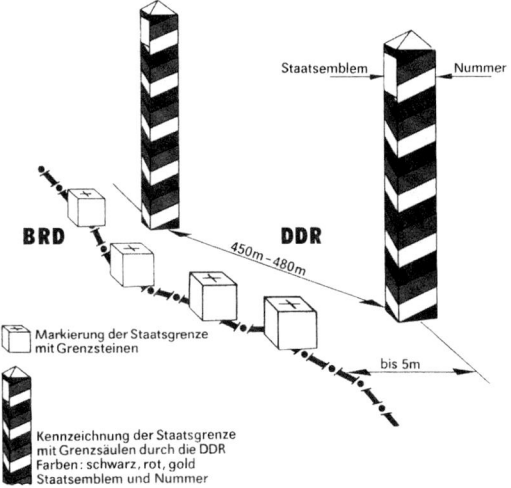

Schematische Darstellung der Markierung der Staatsgrenze der DDR zur BRD. Aus: Handbuch für den Grenzdienst, Berlin 1987.

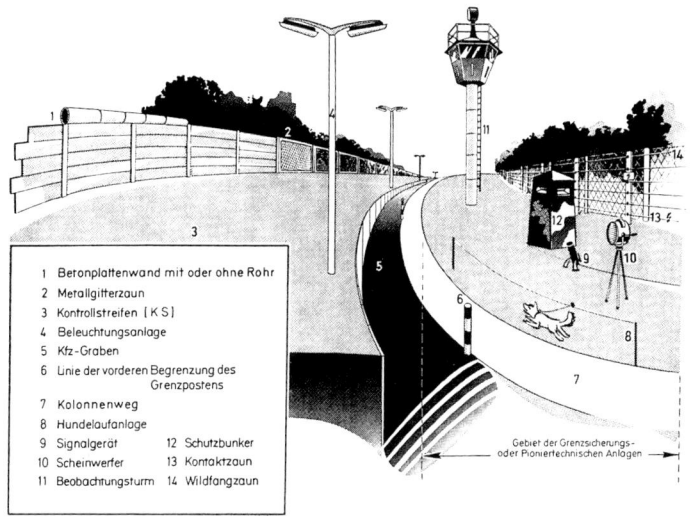

*Schematische Darstellung der Grenzsperranlagen der DDR, um 1975
(Repro: Landesarchiv Berlin)*

Grenzsignalzaun: Seit den 60er Jahren entwickelte spezielle
Sicherungsanlage auf der Seite der DDR (→ Grenzsicherungsanlagen), die technisch bis in die 1980er Jahre verbessert wurde. Das
Prinzip des G. war, dass bei Berührung und/oder Zertrennung der
spannungsführenden Drähte ein Signal ausgelöst und entsprechend
weitergeleitet wurde. Von DDR-Seite aus befand sich zumeist vor
dem G. ein Spuren- bzw. Kontrollstreifen, der regelmäßig durch die
Angehörigen der → Grenztruppen der DDR kontrolliert wurde.

Grenztruppen der DDR: Mit dem Befehl der Sowjetischen Militäradministration in Deutschland (→ Alliierte) vom 01.12.1946
wurde in der Sowjetischen Besatzungszone (SBZ) eine Grenzpolizei
aufgestellt. Die Grenzpolizei hatte gemeinsam mit der sowjetischen
Besatzungsmacht Grenzsicherungsaufgaben, vorrangig an der →
Demarkationslinie zu den westlichen Besatzungszonen, durch-
zuführen. Auf der 2236 Kilometer langen Landgrenze der SBZ
wurden zunächst 2543 Grenzpolizisten eingesetzt. Nach der
Gründung der beiden deutschen Staaten übernahm die Grenzpolizei ab 1950 auch die Sicherung der Seegrenze der DDR. Am
01.01.1951 wurde die Deutsche Grenzpolizei zentralisiert und am
16.05.1952 aus dem Bestand der → Deutschen Volkspolizei herausgelöst und dem → Ministerium für Staatssicherheit unterstellt. Auf
der Grundlage einer Ministerratsverordnung vom 26.05.1952 wurde
an der Westgrenze erstmalig ein Sperrgebiet mit Schutz- und Kontrollstreifen errichtet und die Sicherung an der Küste und die Kontrollen an den Sektorengrenzen zu Berlin (West) verstärkt. Im
September 1955 übernahm die Grenzpolizei mit Wirkung vom
01.12.1955 die alleinige Bewachung und Kontrolle der Grenzen

Ein Unterleutnant der Grenztruppen der DDR bei der Posteneinweisung im Truppenteil „Florian Geyer" (3. Grenzregiment-Grenzkommando Süd/Erfurt). 28.11. 1980 (Foto: Bundesarchiv Koblenz/ ZB – Schaar)

der DDR. Die Kontrolle des alliierten Verkehrs in und durch die DDR oblag weiterhin der Gruppe der sowjetischen Streitkräfte in Deutschland. Am 1.3.1957 wurde die deutsche Grenzpolizei wieder dem Ministerium des Innern unterstellt. Es erfolgte eine zunehmende militärische Umstrukturierung der Grenzpolizei. Nach der → Sicherung der Staatsgrenzen der DDR ab dem 13. August 1961 wurde bereits am 15. September 1961 die Deutsche Grenzpolizei als Grenztruppe der NVA dem Minister für Nationale Verteidigung unterstellt. Die Grenzpolizeieinheiten an den Sektorengrenzen zu Berlin (West) kamen nach der Gründung der Stadtkommandantur der Hauptstadt der DDR im August 1962 ebenfalls zum Ministerium für Nationale Verteidigung. Bis zum Herbst 1963 wurde an der Grenze zur BRD und zu Berlin (West) ein nahezu undurchlässiges Sperrensystem aufgebaut. Dafür wurden auch zunehmend Angehörige der G. von den Grenzen zur ČSSR und der VR Polen abgezogen. Die Brigadestruktur wurde Anfang der 1970er Jahre aufgelöst. Es entstanden an der Grenze zur BRD und Berlin (West) die Grenzkommandos Nord und Süd sowie das Grenzkommando Mitte (Berlin). Das Grenzkommando Mitte („Staatsgrenze der DDR zu Westberlin") war gegliedert in sieben Grenzregimenter mit 11 504 Angehörigen der Grenztruppen und 503 Zivilbeschäftigten. Diese Grenzregimenter verfügten über 567 Schützenpanzerwagen, 48 Granatwerfer, 48 Panzerabwehrkanonen, 114 Flammenwerfer, 156 gepanzerte Fahrzeuge bzw. schwere Pioniertechnik und 2 295 Kraftfahrzeuge. Zum Bestand gehörten außerdem 992 Hunde (11 Fährtenhunde, 371 Schutzhunde, 90 Wachhunde im Objekt und 484 Wachhunde in der Grenzsicherung), Stand: März 1989.

Der beginnende weltweite Abrüstungsprozess Anfang der 1970er Jahre veranlasste die DDR-Führung, die G. am 1. April 1974 aus dem Bestand der Nationalen Volksarmee (NVA) herauszulösen. Weiterhin dem Ministerium für Nationale Verteidigung unterstellt, wurden die „Grenztruppen der NVA" in „Grenztruppen der DDR" umbenannt. Die Struktur der Grenzkommandos wurde 1989 aufgelöst und der staatlichen Gliederung in der DDR an Bezirke und Kreise angepasst.

Mit der → Grenzöffnung am 9. November 1989 kam es zur vollständigen Änderung des Grenzregimes und damit zur absehbaren Auflösung der G. Bereits am 11./12. November 1989 wurden Schutzstreifen und Sperrzonen an der Grenze wie auch die „Schusswaffengebrauchsbestimmung" (→ Schießbefehl) endgültig aufgehoben. Kurz nach der Grenzöffnung begannen die G. mit dem Abbau der → Grenzsicherungsanlagen. Anfang 1990 wurden die G. personell um die Hälfte reduziert. Eine geplante Umstrukturierung der G. seitens der DDR kam infolge der politischen Entwicklung nicht mehr zum Tragen. Mit dem Vollzug der Wirtschafts-, Währungs- und Sozialunion am 1. Juli 1990 wurden sämtliche Kontrollen an der innerdeutschen Grenze eingestellt. Der Befehl zur Auflösung der G. erging am 21. September 1990.

Grenzübergangsstellen (GÜST): Begriff aus dem DDR-Sprachgebrauch. Die G. entwickelten sich aus den Kontrollpassierpunkten (bis 1964) an der Zonengrenze zwischen der SBZ und den westlichen Besatzungszonen bzw. der DDR und der BRD und boten die einzige Möglichkeit, mit den entsprechenden Genehmigungen die innerdeutsche Grenze zu passieren. Die modernen, hochgesicherten Anlagen dienten in der Zeit nach 1961 überwiegend dem → Transitverkehr. Die Bewachung der G. erfolgte durch Angehörige der → Grenztruppen der DDR. Die Kontrollen wurden durch Mitarbeiter der → Zollverwaltung, die eigentliche Aus- und Einreisekontrolle ab 1964 durch Mitarbeiter der → Passkontrolleinheiten des MfS durchgeführt.

Grenzzolldienst der BRD: Seit September 1945 existierte in Niedersachsen ein Zollgrenzschutz, 1946 wurde im Freistaat Bayern mit dem Aufbau eines Grenzzolldienstes begonnen. Der Schwerpunkt oblag in den Anfangsjahren vor allem in der Überwachung des Verkehrs von Vermögenswerten zwischen der Bundesrepublik und den Nachbarstaaten. Die DDR galt nicht als Ausland und wurde bzgl. der Rechtsform anderen Bundesländern gleichgesetzt. Bis 1989 führte der Grenzzolldienst auch die Überwachung des Durchgangsverkehrs von und nach Westberlin, u. a. bei der Durchsetzung des Verplombungsgesetzes, durch. Außerhalb der → Grenzübergangsstellen wurde an der Grenze zur DDR der Grenzaufsichtsdienst durchgeführt. Dieser erfolgte in den Einsatzabschnitten der Hauptzollämter und der Zollkommissariate als Streifen oder

Postierungsdienst. Dazu wurden entsprechende Abschnitte und Beobachtungspunkte vorgegeben. Der Dienst erfolgte zu Fuß und mit Fahrzeugen, in verschiedenen Grenzabschnitten auch gemeinsam mit Angehörigen der alliierten Streitkräfte (→ Alliierte) in der BRD.

Grünes Band: Die jahrzehntelange Abgeschiedenheit des von der DDR angelegten, hochgesicherten Grenzstreifens mit dem → Grenzgebiet hatte ungeplant Raum für eine nahezu unberührte Entwicklung der Natur gelassen. Auf einem vom BUND im Dezember 1989 initiierten Treffen verschiedener Verbände und Interessenvertreter des Natur- und Umweltschutzes aus beiden Teilen Deutschlands entstand die Idee, den ehemaligen Grenzstreifen als Denkmal der Geschichte mit einer einmaligen Landschaftsstruktur zu erhalten. Als Name wurde G. gewählt mit dem Leitbild „Vom Todesstreifen zur Lebenslinie". Das G. zieht sich im Bereich der ehemaligen innerdeutschen Grenze auf einer Länge von 1393 Kilometern entlang und findet als länderübergreifendes Biotop Aufmerksamkeit und Anerkennung.

Hundelaufanlage: Seit Ende der 1960er Jahre an ausgewählten Teilen der Grenze zur BRD und zu Berlin(West) befindliche → Grenzsicherungsanlage der DDR. Im Wesentlichen gab es Laufseilanlagen mit einem Laufseil von bis zu 100 Meter Länge und später auch einen Hundefreilauf, häufig in Kombination mit dem → Grenzsignalzaun. Überwiegend wurden Deutsche Schäferhunde eingesetzt, die zumeist von der Bevölkerung im Grenzbereich angekauft wurden. Die Hunde wurden einmal am Tag von Angehörigen der → Grenztruppen gefüttert und sollten durch Bellen auf → Republikflüchtlinge hinweisen.

Inoffizieller Mitarbeiter des MfS (IM) → Ministerium für Staatssicherheit der DDR

Intershop: 1962 in der DDR gegründete staatliche Handelsorganisation zum Erwirtschaften von freikonvertierbarer, westlicher Währung. Ursprünglich nur in wenigen Bahnhöfen und in den DDR-Interhotels bestehend, weitete sich das Netz der I. bald aus und war vor allem im Bereich des → Transitverkehrs und in den meisten größeren Städten der DDR präsent. Das bis 1974 bestehende Verbot des Besitzes konvertierbarer Währungen für DDR-Bürger wurde aufgehoben. Damit konnten auch Ostdeutsche mit westlichen Währungen in den I. westliche oder in der DDR gefertigte Waren erwerben. Ab 1979 mussten die DDR-Einwohner die Devisen bei der Staatsbank der DDR in „Forumschecks" eintauschen. Trotz dieser formalen Einschränkung entwickelte sich vor allem die Deutsche Mark der BRD zur Zweitwährung vieler Ostdeutscher, um seltene Waren kaufen

*Zuglaufschild, um
1980 (Foto: Führ)*

zu können. Da die DDR-Mark nie legal gegen Devisen eingetauscht werden durfte, entstand ein überhöhter Umtauschkurs zur DM.

Interzonenpass: Grundlage für die Ausgabe eines I. bildete die Direktive Nr. 43 des Alliierten Kontrollrates vom 31.10.1946 (→ Alliierte) und eine nachfolgende Direktive. I. galten in Verbindung mit dem Personalausweis für Deutsche sowie Ausländer und berechtigten in besonders festgelegten Fällen zur Reise durch verschiedene Besatzungszonen mit unterschiedlich festgelegter Aufenthaltsdauer. Die DDR stellte ab dem 25. November 1953 keine I. mehr aus. Stattdessen wurden Personalbescheinigungen als Grenzübertrittsdokument für Privatreisen nach Westdeutschland eingeführt.

Interzonenzug: Eisenbahnzüge, die grenzüberschreitend zwischen der Sowjetischen Besatzungszone (SBZ) und den westlichen Besatzungszonen bzw. später zwischen der BRD und der DDR verkehrten. Umgangssprachlicher Begriff bis in die 70er/80er Jahre des 20. Jahrhunderts.

Kalter Krieg: Der K. spiegelte den Systemkonflikt zwischen den Westmächten mit den USA und dem Ostblock mit der UdSSR nach 1945/46 wider. Er wurde mit allen verfügbaren Mitteln knapp unter der Schwelle zu einem neuen Krieg geführt. Die beiden deutschen Staaten standen dabei im Mittelpunkt der Systemauseinandersetzung. Der K. zeigte sich besonders in der Form des in der Weltgeschichte einmaligen Wettrüstens zwischen den Großmächten, in allen Bereichen der Wirtschaft, der Politik, der Spionage, von Wissenschaft, Sport und Kultur. Besonders intensiv wurde das von den beiden Großmächten vorangetriebene Weltraumprogramm in der Systemauseinandersetzung wahrgenommen. Stellvertreterkriege wie der Korea-Krieg (1950–53) oder die Kuba-Krise (1962) brachten die Welt an den Rand eines atomaren Konflikts. Mit der Grenzschließung durch die DDR im August 1961 erreichte der K. einen weiteren Höhepunkt, trug aber gleichzeitig auch zu einer Festschreibung des von beiden Seiten gewollten Status quo bei, allerdings auf dem Rücken der

Menschen in beiden deutschen Staaten. Mit der einsetzenden Entspannungspolitik in den 1970er Jahren und der veränderten Politikkultur in verschiedenen osteuropäischen Staaten und in der UdSSR ab 1985 war das Ende des K. absehbar geworden und fand mit dem Fall der innerdeutschen Grenze und den politischen Veränderungen im gesamten sozialistischen Ostblock einen Abschluss.

Kampfgruppen der Arbeiterklasse: 1953 infolge der Ereignisse des → 17. Juni 1953 gegründete paramilitärische Einheit in der DDR auf freiwilliger Basis „zum Schutz sozialistischer Betriebe und Einrichtungen". Die durch die Sozialistische Einheitspartei Deutschlands (SED) gegründeten Formationen waren den Volkseigenen Betrieben, staatlichen und wirtschaftlichen Institutionen und Landwirtschaftlichen Produktionsgenossenschaften (LPG) angegliedert und überwiegend aus diesen Unternehmen rekrutiert. Die „Kämpfer" erhielten eine militärische und politische Ausbildung, trugen eine spezielle Uniform der K., wurden mit eigenen Orden- und Ehrenzeichen beliehen und ausgezeichnet und erhielten finanzielle Unterstützungen, u. a. auch für den beruflichen Ruhestand. Ab 1959 legten die Angehörigen der K. ein eigenes Gelöbnis ab. Die Bewaffnung umfasste neben Handfeuerwaffen wie die Maschinenpistole „Kalaschnikow" auch schweres Gerät aus Beständen der NVA. Die K. waren in der Lage, eigenständig und im Verbund mit anderen militärischen Kräften der DDR zu handeln.

107 Kampfgruppeneinheit vor dem Brandenburger Tor in Richtung Osten, 14. August 1961 (Foto: Bundesarchiv Koblenz, Bild: 183-85458-0001)

Das Führungspersonal der K. rekrutierte sich häufig aus ehemaligen Militärangehörigen. Propagandistisch aufgewertet wurde vor allem der „lebendige Schutzwall" der K. während der Grenzschließung am 13. August 1961 in Berlin.

Kolonnenweg: Der K. war seit Mitte der 1960er Jahre Bestandteil der → Grenzsicherungsanlagen der DDR zur BRD und Berlin (West). Der K. bestand ab 1967 aus Betonplatten, die in zwei Reihen verlegt wurden. In regelmäßigen Abständen waren Ausweichstellen eingerichtet sowie die Zufahrten zu den → Beobachtungstürmen oder anderen Grenzsicherungsanlagen. Die Geschwindigkeit auf dem K. betrug für die Fahrzeuge der → Grenztruppen der DDR 30 Kilometer pro Stunde. Im Verlauf der ehemaligen innerdeutschen Grenze ist der K. in wenigen Fällen als letztes sichtbares Zeugnis der innerdeutschen Grenze erhalten.

Kunst: Die innerdeutsche Grenze und vor allem die → Berliner Mauer wurde durch verschiedene künstlerische Genres widergespiegelt. Staatlich gelenkt und kontrolliert waren vor allem die künstlerischen Arbeiten zum Thema „Staatsgrenze" durch die Angehörigen der → Grenztruppen der DDR, die sich in Wort, Bild und Ton genötigt sahen, ein heroisches Bild von ihrer Arbeit an der Grenze zu zeichnen. Die „volkskünstlerische" Betätigung der Grenzsoldaten war überaus erwünscht und auch durch entsprechende Verträge mit kulturellen Partnereinrichtungen und Berufskünstlern der DDR unterstützt. Textliche und bildliche Darstellungen der Grenzanlagen durch professionelle Künstler der DDR waren eher selten und wurden überwiegend für Propagandazwecke angefertigt. Bedrückend wirkt das von dem DDR-Künstler Sigmar Gille 1976 gemalte Bild „Berliner Atelierfenster", das die Sicht auf die Berliner Mauer freigibt. Gegenstand der Malerei war die Berliner Mauer auch bei verschiedenen Westberliner Künstlern, wie es auf den Bildern von Wolf Vostell, Karl Oppermann, Rainer Fetting oder Winfried Muthesius zu sehen ist. Die Ikone der deutschen Rockmusik, Udo Lindenberg, mit seinen Titeln „Mädchen aus Ostberlin" und „Sonderzug nach Pankow" nahm Bezug auf die Grenze. Ein Ohrwurm im Zuge der „Neuen Deutschen Welle" in Westdeutschland wurde der von „John F. und die Gropiuslerchen" veröffentlichte Musiktitel „Berlin, Berlin, dein Herz kennt keine Mauern"

„Der Rufer", Bronzeplastik von Gerhard Marcks vor dem Brandenburger Tor (Foto: Imhof)

Am Autobahngrenzkontrollpunkt Marienborn, 22.07.1954 (Foto: Bundesarchiv Koblenz/ZB-Junge)

aus dem Jahre 1987. Eine Gruppe engagierter Bürger ermöglichte im Mai 1989 die Aufstellung der drei Meter großen Bronzeguss-Skulptur „Der Rufer" von Gerhard Marcks (1889–1981) auf der westlichen Seite vor dem Brandenburger Tor. Die Initiatoren ahnten nicht, dass wenige Monate später der auf den Sockel gravierte Spruch „Ich gehe durch die Welt und rufe: Friede Friede Friede" nach Jahrzehnten des → Kalten Krieges Wirklichkeit werden soll-te. Die Berliner Mauer war von westlicher Seite aus zu diesem Zeit-punkt bereits seit Jahren die größte, künstlerisch gestaltete Fläche der Welt. Nach dem Mauerfall 1989/90 wurde die → East Side Gal-lery eine beliebte Touristenattraktion.

Marienborn: Der Grenzkontrollpunkt bzw. die → Grenzüber-gangsstelle (GÜST) Marienborn-Helmstedt wurde am 1. Juli 1945 von den → Alliierten an der Autobahn bzw. Eisenbahnlinie Berlin-Hannover eingerichtet. 1950 übernahm die DDR-Grenzpolizei das Kommando auf der Grenzübergangsstelle. Die 1972–1974 völlig neu gebaute GÜST war mit über 1000 Angestellten die be-deutendste Grenzübergangsstelle an der innerdeutschen Grenze. In der Nacht vom 30.6. zum 01.07.1990 wurden die Kontrollen in M. eingestellt. Im Oktober 1990 kam die GÜST M. auf die Denkmalliste und wurde nach einem Beschluss der Landesregierung von Sachsen-Anhalt am 13. August 1996 als Gedenkstätte „Deutsche Teilung Marienborn" eröffnet.

Maßnahmen zur Sicherung der Staatsgrenze: Formulierung der DDR-Propaganda zur Schließung der innerdeutschen Grenze und der → Berliner Mauer.

Abschnitt der Berliner Mauer in Berlin-Mitte, bearbeitet von „Mauer-spechten", Frühjahr 1990 (Foto: Wolfgang Kramer)

Mauerfall → Grenzöffnung am 9. November 1989

Mauerschütze: Umgangssprachlich Angehöriger der → Grenztruppen der DDR, der durch die Anwendung der Schusswaffe (→ Schießbefehl) im Grenzdienst an der innerdeutschen Grenze bzw. zu Berlin (West) Personen verletzt oder getötet hatte. Nach der → Wiedervereinigung am 3. Oktober 1990 fanden gegenüber den M. verschiedene „Mauerschützenprozesse" statt.

Medaille für vorbildlichen Grenzdienst, 1980er Jahre (Repro: Führ)

Mauerspecht: Umgangssprachlich für an der ehemaligen → Grenzsicherungsanlage tätige Personen, die nach der → Grenzöffnung am 9. November 1989 überwiegend für Souvenirzwecke und zum Handel Teile aus der → Berliner Mauer und aus anderen Bauteilen an der innerdeutschen Grenze entnahmen.

Medaille für vorbildlichen Grenzdienst: Die älteste, 1954 seitens der DDR gestiftete Auszeichnung für „vorbildliche

Leistungen und persönliche Einsatzbereitschaft bei der zuverlässigen Sicherung der Staatsgrenze der DDR". Die Verleihung der M. erfolgte an Angehörige der → Grenztruppen der DDR und an andere Personen und war mit einer Urkunde und einer finanziellen Zuwendung verbunden.

Ministerium für Staatssicherheit der DDR (MfS): Das M. wurde am 8. Februar 1950 gegründet und umfasste in den 1980er Jahren etwa 90 000 hauptamtliche Mitarbeiter. Das M. war (ab 1952) in wesentlichen Teilen regional in Kreisdienststellen und in Bezirksverwaltungen gegliedert und dem Minister für Staatssicherheit unterstellt. Daneben existierten verschiedene Hauptabteilungen, Abteilungen und weitere Bereiche, die im Wesentlichen einer Erhaltung der inneren und äußeren Machtstruktur in der DDR dienten, einschließlich der Auslandsspionage. Das M. verstand sich als „Schild und Schwert der Partei", der Sozialistischen Einheitspartei Deutschlands (SED). Zeitweilig war auch die Grenzsicherung der DDR dem M. direkt unterstellt (→ Grenztruppen der DDR). Dem M. oblag gemeinsam mit der → Deutschen Volkspolizei die Kontrolle bei der Auswahl von Jugendlichen in der DDR, die für den Einsatz an der Grenze vorgesehen waren. Das M. verfügte über ein umfangreiches, überwiegend freiwillig arbeitendes Netz von Informellen Mitarbeitern (IM), die auch in besonderem Maße in den Grenztruppen der DDR tätig waren. Die Zahl der IM wird mit etwa 100 000 Personen angenommen. Gleichzeitig arbeiteten in allen Grenzregimentern der Grenztruppen der DDR eigene Abteilungen des M. Besonders die Überwachung des Personalbestandes der Grenztruppen der DDR gehörte zu den besonderen Aufgaben des M. Bereits 1961 zählte die Verhinderung der → Republikflucht zur absoluten Schwerpunktaufgabe des M. Ab 1986 kamen Grenzbeauftragte des M. zum Einsatz, denen u. a. die Koordination der → Grenztruppen der DDR, der → Freiwilligen Helfer der Grenztruppen der DDR und der → Deutschen Volkspolizei oblag.
Der Hauptabteilung VI. des M. unterstanden ab 1964 die Passkontrolleinheiten (PKE) an der Grenze zur BRD und zu Westberlin, die in den Uniformen der Grenztruppen der DDR arbeiteten und zuletzt etwa 8 000 Bedienstete hatten. Ein wichtiger Bereich des M. im Einsatz an der Grenze zur BRD bzw. Westberlin war die Aufklärung „feindwärts". Dazu gehörte u. a. die Funkaufklärung, die Bespitzelung von Reisenden, die Anwerbung Informeller Mitarbeiter bzw. von Spionen. Überproportional war das M. aber vor allem gegen die „inneren Feinde" der DDR im Einsatz. Dazu gehörte die generelle Bearbeitung von „staatsfeindlichen" Auftritten der DDR-Bürger in jeder Form, alle geglückten und nicht geglückten „Grenzübertritte", die Bespitzelung Oppositioneller, von Bürgern, die als Sportler, im kulturellen Bereich oder als Dienst-

reisende auch Möglichkeiten für Reisen in das westliche Ausland hatten und von Bürgern, die einen → Ausreiseantrag zur ständigen Ausreise aus der DDR gestellt hatten. Das M. setzte dabei auch in erheblichem Maße Mittel ein, die sich nicht nur gegen allgemeines Menschenrecht richteten, sondern sich auch unter den Bedingungen der Rechtsgegebenheiten in der DDR im rechtsfreien Raum bewegten. So wurde u. a. das Post-, Telefon- und Briefgeheimnis außer Kraft gesetzt. Das M. verfügte auch über eigene Haftanstalten, in denen häufig unter menschenunwürdigen Bedingungen außerhalb jeder Rechtsnorm u. a. auch festgenommene „Grenzverletzer" ohne ordentliche Gerichtsverfahren inhaftiert wurden. In Geheimprozessen wurden bis in die 1980er Jahre auch Todesurteile seitens des MfS vollstreckt. Letztendlich entschieden Mitarbeiter des M. auch über die Reisemöglichkeiten aller DDR-Bürger im grenzüberschreitenden Verkehr in das westliche Ausland. Von der → Deutschen Volkspolizei genehmigte Besuchsreisen in die BRD und nach Westberlin konnten durch ein Veto des M. gekippt werden. Das M. wurde Ende November 1989 kurzzeitig umbenannt und schließlich in den nachfolgenden Monaten aufgelöst. Die erhalten gebliebenen umfangreichen Aktenbestände des M. werden von den Bundes- und Landesbeauftragen für die Unterlagen des Staatssicherheitsdienstes staatlich verwaltet. Umgangssprachlich auch: „Stasi", „Horch und Guck", „Mielkes Truppe", „Gummiohren".

Mindestumtausch: Für Bürger der BRD und Berlin (West), die in die DDR einreisten, war je Person und Aufenthaltstag ein Mindestumtausch von Zahlungsmitteln in DM oder freikonvertierbarer Währung in Mark der DDR im Verhältnis von 1:1 festgelegt. Ursprünglich mit noch niedrigeren Sätzen, betrug 1989 der Mindestumtausch 25,00 DM pro Tag und Person für Personen ab dem 15. Lebensjahr. Das umgetauschte Geld musste in der DDR verbraucht werden. Umgangssprachlich auch „Zwangsumtausch".

Minensperre: Nach 1966 errichteter Teil der → Grenzsicherungsanlage an verschiedenen Grenzabschnitten der DDR. Die besonders perfide Form der Grenzsicherung führte immer wieder zu internationaler Kritik am Vorgehen der DDR-Führung. Die M. wurde nach entsprechenden Vereinbarungen und gewährten Finanzkrediten der BRD für die DDR ab 1984 abgebaut. Die letzten Minen wurden erst nach der → Grenzöffnung am 9. November 1989 beseitigt.

Mödlareuth: Dorfanlage an der Landesgrenze zwischen Thüringen und Bayern. Nach dem Kriegsende 1945 gelangte eine Dorfhälfte in die sowjetische Besatzungszone, die spätere DDR, und die andere Hälfte in die amerikanische Besatzungszone, Bestandteil der späteren BRD. Nach der Sperrung der innerdeutschen Grenze durch die

Teile der Grenzsperranlage im Deutsch-Deutschen Museum Mödlareuth, 2007 (Foto: Führ)

DDR zog sich die hochgesicherte Grenze durch das Dorf und wurde 1966 durch eine Mauer nach Berliner Vorbild verstärkt. Als „Little Berlin" fand das geteilte Dorf internationale Aufmerksamkeit. Nach der Öffnung der innerdeutschen Grenze wurde ein Teil dieser Mauer abgerissen, ein weiterer Teil bildet seit 1994 einen Bestand der Gedenkstätte des Deutsch-Deutschen Museums Mödlareuth.

Montagsdemonstration: Im Anschluss an die „Friedensgebete" in der Leipziger Nikolai-Kirche im Spätsommer 1989 formierte Demonstrationen gegen die Verhältnisse in der DDR unter dem Eindruck der rasant gewachsenen Fluchtwelle in den Westen. Die jeweils am Montag stattfindenden „Montagsdemos" in Leipzig begannen in einem kleinen Kreis, der von Woche zu Woche anwuchs. Die legendäre M. am 9. Oktober 1989 mit etwa 70 000 Teilnehmern war eine Zäsur. Erstmalig wurde der Ruf „Wir sind das Volk!" laut. Der ausgebliebene Übergriff der Sicherheitskräfte der DDR stärkte auch die Oppositionellen in anderen Städten der DDR, die ebenfalls mit friedlichen M. gegen das bestehende DDR-System auf die Straße gingen. Mit über 300 000 Menschen, die auch aus dem Umland angereist waren, fand am 23. Oktober die größte M. in Leipzig statt. Auch nach dem Fall der innerdeutschen Grenze am 9. November 1989 wurden die M. in Leipzig und anderen Städten fortgesetzt. Der Ruf „Wir sind ein Volk!" wurde zunehmend das Motto der M. zum Jahreswechsel 1989/90.

Museum Haus am Checkpoint Charlie → **Allied Checkpoint Charlie**

NATO: Kurzbezeichnung für North Atlantic Treaty Organization. Das noch bestehende westliche Militärbündnis, welches durch eine Initiative der USA 1949 gegründet wurde, war in der Zeit des →

Blanko-Formular eines Festnahmeprotokolls der Volkspolizei der DDR (Foto: Museum „Runde Ecke" Leipzig)

Kalten Krieges ein Sicherheitsbündnis verschiedener westeuropäischer und anderer Staaten gegen den entstehenden sozialistischen Ostblock, der sich später in den → Warschauer Vertragsstaaten formierte.

Passkontrolleinheit (PKE) → Ministerium für Staatssicherheit

Republikflucht: Umgangssprachlich in der DDR für die Handlung in unterschiedlicher, nicht genehmigter Form, die DDR zu Verlassen. Das Delikt der R. war seit 1957 unter Strafe gestellt. Republikflüchtlinge, die bei ihrer Flucht gefasst wurden, mussten mit hohen Haftstrafen rechnen und wurden nach dem § 213 der Strafprozessordnung der DDR verurteilt. Der „ungesetzliche Grenzübertritt" wurde mit einer Strafe von bis zu zwei Jahren, in besonders schweren Fällen bis zu fünf Jahren Haft verurteilt. Auch der Versuch bzw. die Vorbereitung einer R. aus der DDR war strafbar. Wer durch Zerstörungen oder Gewaltakte gegen die Ordnung der DDR-Staatsgrenze vorging und Widerstand gegen Grenzsoldaten oder andere Staatsbedienstete leistete, musste mit einer lebenslangen Freiheitsstrafe nach § 101 und 102 des Strafgesetzbuches der DDR rechnen. Nach einer gelungenen R. war im Regelfall ein Besuch in der DDR nicht mehr möglich. Diese Regelung wurde seitens der DDR-Führung 1972 zwar aufgehoben, aber weiterhin in verschiedenen Fällen praktiziert. Verbliebene Angehörige in der DDR von Menschen, denen die R. gelungen war, mussten mit Schikanen durch die DDR-Behörden rechnen. Dazu gehörte auch eine Bestrafung für den Tatbestand der „Hilfe zur R." vor allem in den späten 1950er und in den 1960er Jahren. An der innerdeutschen Grenze bzw. an der → Berliner Mauer hatten die Angehörigen der → Grenztruppen der DDR den strikten Befehl, eine R. zu verhindern, gegebenenfalls auch durch die Anwendung der Schusswaffe (→ Schießbefehl). Grenzsoldaten, die gegenüber Flüchtenden ihre Waffe nicht oder erfolglos einsetzten, mussten mit einer Anzeige bei der Militärstaatsanwaltschaft der DDR rechnen und wurden beim → Ministerium für Staatssicherheit registriert. Im Falle einer Festnahme oder der Verletzung bzw. Tötung eines „Republikflüchtlings" erhielten die betroffenen Angehörigen der Grenztruppen eine Geld- oder Sachprämie, eine militärische Auszeichnung und/oder eine Beförderung.

RIAS: Der „Rundfunk im Amerikanischen Sektor" war eine Rundfunkanstalt im Westberliner Bezirk Schöneberg in der Kufsteiner Straße, der von 1946 bis 1993 unter der Kontrolle der US-amerikanischen Besatzungsmacht zwei Hörfunkprogramme und ein Fernsehprogramm (1988 bis 1992) betrieb. Die beispielhaften Radioprogramme aller Sparten waren modellhaft für die Entwicklung des Rundfunks in der BRD. Über den Sender Hof konnte auch außerhalb vom Großraum Berlin ein weiterer Teil der DDR-Bevölkerung und Bayerns erreicht werden. Die unter dem Motto „Eine freie Stimme der freien Welt" ausgestrahlten Sendungen wurden Klassiker und prägten mehrere Generationen in West und Ost. Dazu gehörten zahlreiche politische Magazine ebenso wie die „Schlager der Woche", die als erste deutsche Hitparade ab 1949 gesendet wurden. Ein exzellentes Unterhaltungsprogramm, das Hans Rosenthal (1925–1987) dominierte, u. a. mit „Wer fragt, gewinnt" „Allein gegen Alle" oder „Das klingende Sonntagsrätsel" war auch bei den Menschen in der DDR überaus beliebt. Der SED und der Staatsführung der DDR war der RIAS, der sich auch besonders kritisch mit der aktuellen Politik des Ostens auseinandersetze, ein Dorn im Auge. Mit der propagierten „RIAS-Ente" versuchten die DDR-Offiziellen den Wahrheitsgehalt der Sendungen in Frage zu stellen.

Schießbefehl: Im Sprachgebrauch verwendeter Begriff für die „Bestimmungen über den Schusswaffengebrauch" im Grenzdienst, der in dem Befehl 76/61 des Ministers für Nationale Verteidigung von Anfang Oktober 1961 vorliegt. Darin wurde u. a. befohlen, die Schusswaffe anzuwenden, wenn nach Anruf und Warnschuss sowie keiner anderen Möglichkeit der Festnahme Grenzverletzer die Staatsgrenze der DDR „verletzen" würden. Weitere Varianten dieser Bestimmungen finden sich u. a. auch im „Gesetz über die Staatsgrenze der Deutschen Demokratischen Republik vom 25. März 1982." Aus verschiedenen Anlässen wurde der Einsatz der Schusswaffe per Befehl zeitweilig ausgesetzt. Der S. war auch an verschiedenen Grenzbereichen durchgehend aufgehoben, wie z. B. im Grenzbahnhof Friedrichstraße in Ostberlin. Nach dem international stark beachteten Tod des Berliners Chris Gueffroy im Februar 1989 an den Folgen der Schussverletzungen, wurde der S. innerhalb der → Grenztruppen der DDR intern aufgehoben und nach dem Fall der Berliner Mauer und der innerdeutschen Grenze Ende 1989 offiziell gestrichen.

Sicherung der Staatsgrenze: Propagandistischer Begriff seitens der DDR-Führung, die sich infolge der extrem ungleichen wirtschaftlichen, politischen und sozialen Entwicklung in den beiden deutschen Staaten gezwungen sah, ein nahezu undurchlässiges Grenzsystem zu etablieren. Die S. bezieht sich auf die Grenzsicherungsmaßnahmen ab dem 13. August 1961 (→ Berliner Mauer), die im Wesentlichen Ende 1963 abgeschlossen waren. Der Bevölkerung der DDR und gegenüber den Bündnispartnern der in den → Warschauer Vertragsstaaten zusammengeschlossenen sozialistischen Länder wurde eine Gefahr suggeriert, die im Zusammenhang mit dem → Kalten Krieg von der BRD und den in der NATO zusammengeschlossenen Bündnispartnern mit den USA als westliche Führungsmacht ausgehen sollte. Diese Gefahr wurde im Zeitraum der S. als besonders zugespitzt dargestellt.

Siebzehnter Juni 1953 (17. Juni 1953): Durch Norm-Erhöhungen in der Wirtschaft und einer allgemeinen Unzufriedenheit mit dem politischen System in der DDR ausgelöster Volksaufstand am 17. Juni 1953, der mit Hilfe der sowjetischen Besatzungstruppen niedergeschlagen wurde. Die Streiks, Demonstrationen und Proteste fanden in über 500 Orten der DDR statt. Der Schwerpunkt des Volksaufstandes war Ostberlin und das „Chemiedreieck" um Halle. Im Zuge der Niederschlagung des Aufstandes erfolgten über 6000

Verhaftungen durch die DDR-Behörden und die Verhängung von zahlreichen Todesurteilen. Infolge der Ereignisse des 17. Juni 1953 stieg die Zahl der Flüchtlinge in die Bundesrepublik und nach Westberlin massiv an. Die DDR-Führung nahm die Normerhöhungen zurück und reagierte mit einer weiteren Verstärkung des Sicherheitsapparates, u. a. mit der Gründung der → Kampfgruppen der Arbeiterklasse.

Sperrgebiet → **Grenzgebiet**

Ständige Vertretung der Bundesrepublik in der DDR: Die S. wurde im Ergebnis des 1972 abgeschlossenen Grundlagenvertrages zwischen den beiden deutschen Staaten 1974 in Berlin (Ost) eingerichtet und bestand bis zur deutschen Wiedervereinigung am 3. Oktober 1990. Der Ständige Vertreter der Bundesrepublik in der DDR war als Amtsleiter der ranghöchste Diplomat der BRD in der DDR unter der Stufe eines Botschafters. Das Gebäude der S. befand sich in einem 1913 erbauten Militärgebäude in der Hannoverschen Straße 30 in Ostberlin. Erster Missionschef wurde Günter Gaus (1929–2004). Besetzungen der S. durch ausreisewillige DDR-Bürger ließen die S. Vertretung in das Licht der Medien rücken. Die ständige Vertretung der DDR in der BRD befand sich in der Bundeshauptstadt Bonn.

Trabant: Seit 1957 in verschiedenen Modellvarianten in Zwickau produzierter PKW. Der „Volkswagen" der DDR besitzt eine Karosse aus Kunststoff und ursprünglich einen Zweitaktmotor, der

Bestellschein für einen Trabant 1974, Auslieferung des Fahrzeuges 1988 (Foto: Führ)

Grenzkontrollstelle Friedrichstraße, Berlin-Mitte, der „Tränenpalast"
1966 (Foto: Landesarchiv Berlin/Ingeborg Lommatzsch)

mit einem Benzin-Öl-Gemisch betankt wird. Anfangs als innovatives Fahrzeug ein auch in anderen Ländern beachtetes Auto, wurde der T. bald zu einem Musterbeispiel für die beschränkte Wirtschaftskraft des Ostens, da über Jahrzehnte nur unwesentlich weiterentwickelt. Der DDR-Bürger musste auf seinen „Trabbi" mit einem Bestellschein oft mehr als 12 Jahre warten. Über die DDR-Außenhandelsgesellschaft GENEX konnte der T. allerdings auch in der BRD bzw. Westberlin mit DM bezahlt werden und stand dann sofort zur Verfügung. Bei den → Grenztruppen der DDR war der T. als Kübel-Variante eingesetzt. Nach dem Fall der Mauer 1989 wurde der T. ein Synonym für die Ostdeutschen im Westen, als der T. zeitweilig in ungewohnter Weise das Straßenbild im Westen beherrschte.

Tränenpalast: Nach dem Bau der → Berliner Mauer (1961) errichtetes Gebäude in Berlin-Mitte am Bahnhof Friedrichstraße auf Ostberliner Seite an der Grenzübergangsstelle Friedrichstraße (→ Grenzübergangsstelle). Hier und in den anderen Bereichen des Grenzbahnhofs erfolgte die Kontrolle und Abfertigung für Deutsche und Ausländer ausschließlich durch die Angehörigen der → Passkontrolleinheiten und der → Zollverwaltung der DDR, da der T. inmitten des Ostberliner Territoriums lag. Der T. erhielt seinen in der Umgangssprache gebräuchlichen Namen durch die oft tränenreichen Abschieds- und Begrüßungsszenen zwischen Verwandten und Bekannten aus beiden deutschen Staaten und aus Berlin. Nach der → Wiedervereinigung am 3. Oktober 1990 unterschiedlich genutzt, erfolgte der letzte Besitzwechsel der Immobile 2006, die letzten Einrichtungsgegenstände des T. wurden im August 2006 versteigert.

Transitverkehr: Der Waren- und Personenverkehr über das Territorium der DDR, der im besonderen Maße den T. zwischen

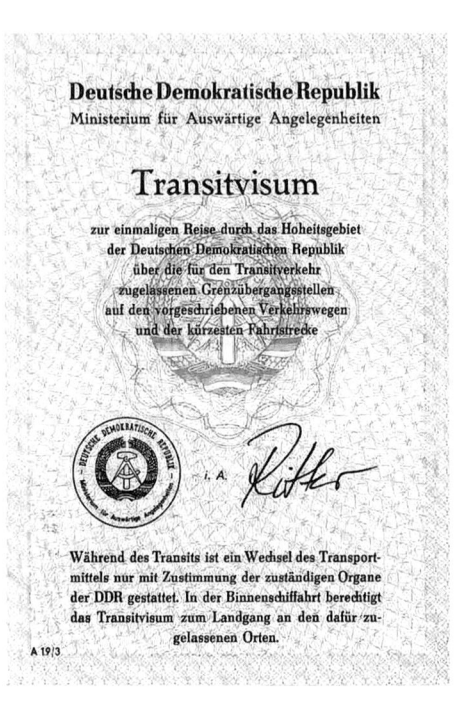

Formular für ein Transitvisum durch die DDR, um 1980 (Foto: Museum in der „Runde Ecke" Leipzig)

der BRD und Westberlin umfasste. Grundlage bildete das Potsdamer Abkommen von 1945. Das Transitabkommen zwischen der BRD und der DDR von 1971 regelte alle wesentlichen Fragen des T. bis zur Öffnung der innerdeutschen Grenze. Die DDR verzichtete darin weitgehend auf ihre Hoheitsrechte. Die seitens der BRD gezahlten Transitgebühren waren eine wesentliche Einnahmequelle für die DDR und dienten auch dem Ausbau der Transitstrecken. Die vorgeschriebene Transitstrecke durfte durch die Transitreisenden nicht verlassen werden. Die Reisenden aus Westberlin mussten ihren Personalausweis, Bundesbürger und Transitreisende anderer Länder ihren Reisepass an der jeweiligen → Grenzübergangsstelle vorweisen und bekamen ein Transitvisum ausgestellt. Nur in begründeten Verdachtsmomenten mussten die Reisenden ihr Fahrzeug verlassen. Der Warenverkehr erfolgte durch verplombte Transportmittel. Im Wesentlichen erfolgte der T. über die Autobahnen. Nach dem Transitabkommen hatte auch der T. mit der Bahn erheblich zugenommen. Das Transitvisum wurde im rollenden Zug erteilt. Der Flugverkehr zwischen der BRD und Westberlin erfolgte über drei vereinbarte Luftkorridore. Westberlin durfte nur von Fluglinien der westalliierten Staaten angeflogen werden. Die Flugverbindungen waren die einzige Möglichkeit, ohne Kontrolle durch die DDR-Behörden von und nach Westberlin zu reisen.

Visum: Amtlicher Vermerk für eine Ein- oder Ausreiseerlaubnis, das durch einen Staat erteilt wird. In der DDR war das V. Bestandteil eines scharfen Grenzregimes. Ab 1954 war das V. für jeden Grenzübtritt aus der DDR nötig. Die Pflicht für ein V. wurde für die Einreise in verschiedene sozialistische Länder später aufgehoben. Für die BRD und Westberlin und für Ausländer aus nichtsozialistischen Staaten galt eine Visumpflicht bei der Einreise in die DDR. Die Pflicht für ein Ausreisevisum bestand für alle Bürger der DDR, die in die BRD oder in das westliche Ausland reisen wollten. Ein Rechtsanspruch bestand darauf nicht.

Nach mehrfachen Regeländerungen wurde unterschiedlichen Personenkreisen ein befristetes, in Sonderfällen auch ein unbefristetes V. erteilt. Am 9. November 1989 und in den nachfolgenden Tagen setzte die DDR zeitweilig die Visumspflicht aus, bevor es kurze Zeit später nach den wiederaufgenommenen Grenzkontrollen unkompliziert beim Überschreiten der Grenze erteilt wurde. Die Visumpflicht für Einreisen der Bundesbürger und Westberliner in die DDR wurde am 24.12. 1989 endgültig aufgehoben. Am 1. Juli 1990 entfiel nach der Aufhebung der innerdeutschen Grenzkontrollen das Visum für DDR-Bürger zur Ausreise in die BRD.

Warschauer Vertragsstaaten: Die Vereinigung der im Warschauer Vertragsbündnis 1955 zusammengeschlossene Militärkoalition der sozialistischen Staaten Europas. Die W. verkörperten den sogenannten Ostblock, der sich in Folge des 2. Weltkrieges unter der Einflussnahme der UdSSR herausgebildet hatte. Den W. stand bis zu seiner Auflösung 1990 das westliche Verteidigungsbündnis der → NATO unter der Führung der USA entgegen. Die beiden deutschen Staaten lagen an der Grenze dieser beiden hochgerüsteten Militärkoalitionen in der Zeit des → Kalten Krieges. Auch: Warschauer Pakt.

Westfernsehen: Allgemeiner Begriff in der DDR für die Fernsehprogramme aus der BRD und Westberlin. Nach dem erfolglosen Versuch der DDR-Führung, das W. zu tabuisieren, setzte sich in den 1970er Jahren der nahezu ungehinderte Zugang, auch durch offiziell errichtete zentrale Empfangseinrichtungen, durch. Ausgenommen blieben kleinere Gebiete in der DDR, wie Dresden und Ostsachsen, die auf Grund ihrer territorialen Lage kein W. empfangen konnten. Für Angehörige der → Grenztruppen der DDR und anderer militärischer Organe der DDR blieb der Empfang des W. untersagt.

Westpaket: In der DDR übliche Bezeichnung für Päckchen und Pakete aus der Bundesrepublik und Berlin (West), die von Verwandten, Bekannten, Organisationen oder Institutionen (z. B. den Kirchen der BRD) an Bürger, Organisationen oder Institutionen in die DDR geschickt wurden. Das W. wurde zum Synonym für den Zusammenhalt der Menschen im geteilten Deutschland und einer besonderen solidarischen Haltung der Westdeutschen und Westberliner gegenüber der oft wirtschaftlich schlechter gestellten ostdeutschen Bevölkerung.

Die jährlich durchschnittlich 25 Millionen Sendungen beinhalteten überwiegend Lebensmittel, Drogerieartikel, Genussmittel wie Kaffee, Schokolade, Kakao oder Zigaretten, Fruchtkonserven, Backzutaten, Bekleidung, Wäsche und Spielzeug. Die Zusendung von Büchern, Schriften, Tonträgern (Schallplatten) war durch DDR-Bestimmungen eingegrenzt bzw. ausgeschlossen. Seitens der → Zollverwaltung der DDR und dem → Ministerium für Staatssicherheit, unter Einbeziehung zwangsverpflichteter Postbeamter, wurde der überwiegende Teil der Paketsendungen wie auch der sonstige Postverkehr massiv kontrolliert und die Sendungen häufig widerrechtlich geöffnet. Oft wurden Gegenstände willkürlich, ohne Entschädigung oder Angabe von Gründen eingezogen. Den Postsendungen beiliegende Geldbeträge in DM wurden ohne Angabe beschlagnahmt und flossen in den Staatshaushalt der DDR.

Nach der Grenzschließung ab dem 13. August 1961 war der Paketverkehr massiv in die Höhe geschnellt. Besonders zur Weihnachtszeit erreichten die Zustellzahlen eine Höchstmarke. Die Sendungen mussten den Vermerk „Geschenksendung und keine Handelsware" enthalten. Für viele DDR-Bürger war das Öffnen des W. eine nahezu kultische Handlung, verbunden mit einem sich einprägendem Geruch aus einer anderen Welt. Im Gegenzug wurden durchschnittlich neun Millionen Päckchen und Pakete aus der DDR in die BRD und nach Westberlin geschickt. Die aus einem begrenzten Warenangebot zusammengestellten Sendungen enthielten überwiegend Bücher oder regional typische Volkskunstartikel.

Westverwandtschaft: In der DDR gebrauchter Begriff, der sich zum Vorteil für die im Osten lebende Verwandtschaft darstellen konnte und sich in einer wirtschaftlichen Unterstützung (→ Westpaket) oder einer „Besuchsreise in dringenden Familienangelegenheiten" äußerte. W. konnte allerdings für Angehörige verschiedener Berufsgruppen der DDR wie auch für den Sonderstatus eines „Reisekaders" von Schaden sein. Die W. war für viele DDR-Bürger eine zumindest gefühlte soziale Herausstellung gegenüber Menschen ohne W.

Wiedervereinigung am 3. Oktober 1990: Die DDR tritt der BRD bei. Berlin wird wieder Hauptstadt des wiedervereinigten Deutschland. Der Tag der W. ist offizieller Feiertag. Mit der W. fand die seit dem Kriegsende 1945 entstandene Teilung Deutschlands ein Ende.

Wirtschaftswunder: In diesem Fall auf die Nachkriegsentwicklung in der BRD bezogener Begriff, der etwa ab 1955 benutzt wurde. Zu diesem Zeitpunkt hatte die Bundesrepublik die Wirtschaftskraft des Deutschen Reiches vor dem 2. Weltkrieg erreicht und belegte hinter den USA den zweiten Platz unter den wichtigsten Industrienationen, trotz einer extrem schwierigen und veränderten Ausgangssituation. Der Wiederaufbau, ein hohes Investitionsvolumen und hohe Steigerungsraten im Export führten zur Vollbeschäftigung und der Zielsetzung eines „Wohlstandes für alle". Mit dem W. ist der Name des langjährigen Wirtschaftsministers der BRD, Ludwig Erhard (1897–1977), eng verbunden. Bis etwa 1973 wurde die Entwicklung in der Bundesrepublik als Zeit des W. bezeichnet. Die Faszination des W. zog in großem Maße auch die Menschen aus der DDR an, die durch ihre gute Ausbildung und ihr Engagement häufig nahtlos in der westdeutschen Gesellschaft Fuß fassen konnten. Die hohen Flüchtlingszahlen in den Westen führten in der DDR zu massiven wirtschaftlichen Schwierigkeiten. Der Strom von Millionen Flüchtlingen (→ Republikflucht) führte schließlich zur endgültigen Schließung der innerdeutschen Grenze am 13. August 1961 durch die Führung der DDR.

Witze: W. über die Grenze waren überwiegend in der DDR verbreitet, z. B.: „Walter Ulbricht zu seiner Geliebten: Du hast einen Wunsch frei. Die Geliebte: Öffne für einen Tag die Mauer. Ulbricht: Du kleiner Schäker, du willst wohl mit mir ganz alleine sein?" (um 1970) – „Die Autobahn nach Rostock ist fertig. Wirklich? Ja, sie ist nur zum Trocknen um Berlin aufgestellt." (Anfang 1970er Jahre) – „Warum ist in Ostberlin kein Smog-Alarm, wie in Westberlin? Der Smog kommt nicht über die Mauer" (1987).

Zentrale Erfassungsstelle in Salzgitter: Die Z. nahm ihre Arbeit infolge der endgültigen Schließung der Grenzen in der DDR am 24. November 1961 auf. Sie hatte die Aufgabe, Hinweisen über beabsichtige und ausgeführte Tötungshandlungen, z. B. an der innerdeutschen Grenze, politische Strafverfahren in der DDR oder andere demokratischen Rechtsauffassungen entgegenstehende Taten in der DDR nachzugehen und diese zu speichern. Die Z. stützte sich dabei vor allem auf Zeugenaussagen von DDR-Bürgern, die in die BRD geflüchtet waren und auf andere Zeugen. Finanziert wurde die Z. durch die Bundesländer. Die SED- und Staatsführung der DDR sah bis zum Fall der Mauer in der Z. eine Form der inneren Einmischung in die Angelegenheiten der DDR und verwahrte sich regelmäßig in scharfer Form dagegen. Mit der → Widervereinigung am 3. Oktober

1990 erübrigte sich die Aufgabe der Z., die 1992 geschlossen wurde. Der Aktenbestand von über 42 000 Straftaten auf dem Gebiet der DDR ist im Oberlandesgericht Braunschweig eingelagert.

Zollverwaltung der DDR: Die Z. entstand 1962 aus dem Amt für Zoll und Kontrolle des Warenverkehrs (AZKW). Die Z. setzte die zoll- und devisenrechtlichen Bestimmungen der DDR durch und war in Bezirksverwaltungen eingeteilt. Daneben existierten Binnenzoll-, Postzoll-, und Grenzzollämter. Bei der Ein- und Ausreise aus der DDR wurden entsprechende Waren einbehalten, die nicht den gesetzlichen Vorschriften der DDR entsprachen. So waren bestimmte Produkte aus DDR-Produktion , die auch im Handel der DDR schwierig zu erhalten waren, wie Bettwäsche, nicht zur Ausfuhr gestattet. Von der Ausfuhr ausgenommen waren auch Antiquitäten, die aus der DDR im großen Stile durch Staatsunternehmen für Devisen in westeuropäische Staaten und in die BRD exportiert wurden. Der Z. unterlag auch die Kontrolle der Finanzmittel und der devisenrechtlichen Bestimmungen der DDR. Bei der Einreise von Privat- und Dienstreisenden in die DDR galt das Augenmerk der Z. neben den international üblichen Kontrollen, z. B. nach Waffen oder Drogen, vor allem der Kontrolle von Druckerzeugnissen und Tonträgern, die in erheblichen Maße konfisziert wurden, sofern diese nicht den Ansichten des DDR-Systems entsprachen.

Zone: Umgangssprachlich überwiegend seitens der Bürger der BRD und Berlin(West) gebrauchtes Synonym für den Ostteil Deutschlands, die spätere DDR, die aus der Sowjetischen Besatzungszone (SBZ) hervorgegangen war. Bis weit in die 1970er Jahre verwendet. Verbreitet war die Redewendung von den „Brüdern und Schwestern aus der Zone". Auch: Sowjetzone, Ostzone, Osten, Ostdeutschland, Mitteldeutschland oder „sogenannte DDR".

Zonengrenze → **Demarkationslinie**

Zonenrandförderung: Ein seit 1950 in verschiedenen Schritten ausgebautes Förderprogramm der Bundesregierung für einen ca. 40 Kilometer breiten Grenzstreifen an der innerdeutschen Grenze, zur ČSSR und für Westberlin.

Zwangsaussiedlung: Im Wesentlichen 1952 (Deckname „Ungeziefer") und 1961 seitens der DDR-Behörden veranlasste Umsiedlung von Tausenden Bürgern der DDR und Ostberlins im Zusammenhang mit der Schließung der innerdeutschen Grenze 1952 und dem Bau der → Berliner Mauer 1961 aus der Grenzsperrzone. (→ Grenzgebiet)

Zwangsumtausch → **Mindestumtausch**

LITERATURAUSWAHL

Arbeitsgemeinschaft der Museen, Gedenkstätten und Denkmale an der ehemaligen innerdeutschen Grenze (Hrsg.): Grenzmuseen. Museen, Gedenkstätten und Denkmale an der ehemaligen innerdeutschen Grenze, Töpen-Mödlareuth 1998.

Wolfgang Benz: Deutschland seit 1945. Entwicklungen in der Bundesrepublik und in der DDR. Chronik Dokumente Bilder. Sonderausgabe der Bundeszentrale für politische Bildung, München 1990.

Camphausen, Bahr, Schneider: Eine Stadt wächst zusammen. 10 Jahre Deutsche Einheit: Was aus der Berliner Mauer wurde, Berlin 1999.

Thomas Flemming/Hagen Koch: Die Berliner Mauer. Geschichte eines politischen Bauwerkes, Berlin-Brandenburg 2004.

Jutta Gladen: „Man lebt sich auseinander" Von den Schwierigkeiten, Verwandte drüben zu besuchen. Reihe Sachbeiträge. Hrsg. Die Landesbeauftragte für Unterlagen des Staatssicherheitsdienstes der ehemaligen DDR in Sachsen-Anhalt, Magdeburg 2001.

Roman Grafe: Die Grenze durch Deutschland. Eine Chronik von 1945 bis 1990, Berlin 2002.

Grenzlandmuseum Eichsfeld e.V. (Hrsg.): Grenze – mitten in Deutschland. Begleitband zur ständigen Ausstellung im Grenzlandmuseum Eichsfeld. Schriftenreihe der Bildungsstätte und des Grenzlandmuseums Eichsfeld, Band 2002.

Horst Gundlach (Hrsg.): Die innerdeutsche Grenze im Südharz. Schicksale – Erlebnisse – Ereignisse, Bad Sachsa 2004.

Handbuch für den Grenzdienst, 6. Aufl. Berlin 1987.

Ingolf Hermann: Die Deutsch-Deutsche Grenze. Eine Dokumentation. Von Posseck bis Lehesten, von Ludwigstadt nach Prex. 4. Aufl., Plauen 2001.

Ingolf Hermann/Karsten Sroka: Deutsch-Deutsches Grenzlexikon. Der Eiserne Vorhang und die Mauer in Stichworten. Hrsg. Bürgerkomitee des Landes Thüringen e.V. 2005.

Martin Hürlimann: Berlin Königsresidenz Reichshauptstadt Neubeginn, Zürich/Freiburg i.B. 1981.

Bernd Kuhlmann: Deutsch-Deutsche Grenzbahnhöfe. 2. Aufl., München 2006.

Volker Koop: Ausgegrenzt. Der Fall der DDR-Grenztruppen, Berlin 1993.

Robert Lebegern: Mauer, Zaun und Stacheldraht: Sperranlagen an der innerdeutschen Grenze 1945–1990, Weiden 2002.

Ulrich Mähler: Kleine Geschichte der DDR. 5. Aufl., München 2007.

Joachim Nawrocki: Bewaffnete Organe in der DDR, Berlin 1979.

Stiftung Haus der Geschichte der Bundesrepublik Deutschland Zeitgeschichtliches Forum Leipzig (Hrsg.): drüben. Deutsche Blickwechsel, Leipzig 2006.

Stiftung Haus der Geschichte der Bundesrepublik Deutschland Zeitgeschichtliches Forum Leipzig (Hrsg.): Einsichten. Diktatur und Widerstand in der DDR, Leipzig 2001.

Klaus Hartwig Stoll: Point Alpha. Brennpunkt der Geschichte, Petersberg 2007.

Verein Berliner Mauer – Gedenkstätte und Dokumentationszentrum (Hrsg.): Die Berliner Mauer. Ausstellungskatalog Dokumentationszentrum Berliner Mauer, Berlin 2001.

Christine Voigt-Müller: Hinter dem Horizont liegt die Freiheit ... Flucht über die Ostsee, Bielefeld 2004.

Wörterbuch zur Deutschen Militärgeschichte. Schriften des Militärgeschichtlichen Instituts der Deutschen Demokratische Republik, 2. Aufl. 1985.

Stefan Wolle: Die heile Welt der Diktatur. Alltag und Herrschaft in der DDR., Berlin 1998.

Rudolf Zietz: Erlebnisse an der Grenze im Harz. Ein Zollbeamter erinnert sich, Duderstadt 2003.

MUSEEN UND GEDENKSTÄTTEN (AUSWAHL)

Asbach/Sickenberg
Grenzmuseum „Schiff-
lersgrund"
37318 Asbach/Sicken-
berg

Berlin-Kreuzberg
Museum Haus am Check-
point Charlie
Friedrichstraße 43-45
10969 Berlin

Berlin-Mitte
Deutsches Historisches
Museum
Unter den Linden 2
10117 Berlin

Berlin-Mitte
„Parlament der Bäume"
Schiffbauerdamm
zwischen
Marschallbrücke und
Kronprinzenbrücke
(Nähe Reichstag)

Berlin-Wedding
Gedenkstätte Berliner
Mauer
Bernauer Straße 111
13355 Berlin

Berlin-Zehlendorf
Alliierten-Museum
Clayallee 135-Outpost
14195 Berlin

Dresden
Militärhistorisches Mu-
seum der Bundeswehr
Olbrichtplatz 2
01099 Dresden

Geisa (Rhön)
Mahn-, Gedenk- und
Bildungsstätte
„Point Alpha"
Grenzmuseum Rhön
Platz der Deutschen Ein-
heit 1
36419 Geisa

Helmstedt
Zonengrenzmuseum
Südertor 6
38350 Helmstedt

Hötensleben
Grenzdenkmal
Schöninger Straße
39393 Hötensleben

Kleinmachnow
Checkpoint Bravo e.V.
Waldwinkel 37
14532 Kleinmachnow

Kronach
Gedenkstätte Heiners-
dorf-Welitsch/Gedenk-
stätte Probstzella-
Ludwigstadt
Blüterstraße 18
96317 Kronach

Kühlungsborn
Grenzturm e.V.
Ostseeallee 19
18225 Kühlungsborn

Leipzig
Museum in der „Runden
Ecke" mit dem Museum
im Stasi-Bunker
Bürgerkomitee Leipzig
e.V.
Dittrichring 24
PF 100345
04003 Leipzig

Leipzig
Stiftung Haus der Ge-
schichte
der Bundesrepublik
Deutschland
Zeitgeschichtliches
Forum Leipzig
Grimmaische Str. 6
04109 Leipzig

Marienborn
Gedenkstätte Deutsche
Teilung
An der BAB 2
39365 Marienborn

Mattierzoll
Gedenkstätte Grenze
Schulstraße
38170 Winnigstedt

Neustadt bei Coburg
Informationsstelle über
die Teilung Deutschlands
Georg-Langbein-Straße 1
96465 Neustadt bei
Coburg

Philippsthal (Werra)
Grenzmuseum
Schloss 6
36269 Philippsthal

Schnackenburg
Grenzlandmuseum
Am Markt 4
29493 Schnackenburg

Schnega
Grenzlandmuseum
Göhr Nr. 13
29465 Schnega

Sorge
Freiland-Grenzmuseum
Sorge
Förstenbergstraße 3
38875 Sorge

Tann
Info-Stelle über die
Grenze zur ehemaligen
DDR
Am Kalkofen 6
36142 Tann (Rhön)

Teistungen
Grenzlandmuseum
Eichsfeld
Duderstädter Straße 5
37339 Teistungen

Töpen-Mödlareuth
Deutsch-Deutsches
Museum
Mödlareuth 13
95183 Töpen